武田公子=著
Takeda Kimiko

データベースで読み解く自治体財政

地方財政状況調査DBの活用

自治体研究社

序　章

　10年ほど前、市民による自治体財政分析が一大ブームになった。北海道夕張市の「財政破綻」をきっかけに居住自治体の財政に関心を持つ人々が増え、住民の手作りの「財政白書」もさかんに刊行された。私自身もその頃、石川県内在住の方々に声をかけられ、月1回の財政分析の研究会に参加するようになった。参加者は比較的高年齢の方が多く、最初はパソコン教室のような様相を呈していたが、次第に作業に慣れ、県内自治体を一人一自治体ずつ分担して分析を進めるようになっていった。この財政分析の材料は「決算カード」がほとんどだった。紙ベースの決算カードからデータを一つ一つ入力し、歳入、目的別歳出、性質別歳出の経年変化をグラフ化し、相互に発表しあうという形で研究会は8年ほど続いた。参加者の高齢化もあり、最後に報告の冊子を刊行して休止状態となったが、世間知のある地元情報に詳しい皆さんとデータの意味するところを議論しあったことで、私自身大きな刺激を得ることができた。

　その一方で、総務省のホームページでの自治体財政データの公開が少しずつ進んでいた（**図序-1参照**）。いつの間にか決算カードがpdfファイルでアップされるようになり、「市町村別決算状況調」はエクセルファイルでダウンロードできるようになっていた。毎年県に情報公開請求して得ていた各市町村の地方財政状況調査表は、次第にエクセルファイルで提供されるようになっていた。

　さらに近年では、インターネット上で国の各種統計類の公開が急速に進んでいる。背景には、オープンソース化による多角的な分析・活用への要請、特に地方版総合戦略や公共施設等総合管理計画等、国がすすめる各種計画策定への情報提供があるものと思われる。いずれにせよ、自分の専門分野に必要な財政データについてもデジタルデータによる公開が一気に進んできて、ことに地方財政状況調査がデータベース化されるに至って、これはなんとか活用せねばと思うようになった。

　そこで、2017年度前期の授業からこのデータベースを活用した自治体財政分析の実習を取り入れた。受講生140名程度の授業だが、全員にパソコンを持参させ、学生アシスタントを3名投入して、2コマ連続の授業のなかでダウンロードしたデータの整理とグラフ化の作業をさせた。授業後半ではそれぞれが作成したグラフをプロジェクタで映し出し、そこから読み取れることを発表させるようにした。学生は若いだけあってエクセルへの慣れが早く――個人差は大きかったので学生アシスタントがフォローしてくれたこともあり――、データ整理からグラフ化までの手順は思ったよりスムーズに進んだ。また、学生には分析対象自治体を任意に選ばせたため、各自が発表した各自治体の財政構造はかなり多様であった。人口規模の大小、財政力の強弱、産業構造や地理的条件といった相違のみでなく、それぞれの自治体の財政運営上の理念が垣間見られるところもあった。全国的に共通する動向が観察される一方で、実際の財政運営には自治体によって個性があり、また抱える問題も多様であるし、自治体が力を入れる政策分野も異なることが浮き彫りになった。こうした財政構造の多様性は

思った以上であり、私としても得るところが大きかった。

ただし、グラフの読み取りとなると学生にはかなり難しかったようだ。地方財政全般に関する制度・動向の概説は別の2単位授業で実施しており、これを履修済みの学生は多いはずなのだが、どうにも経験不足の観が否めなかった。社会経験の希薄な学生には、データの裏にある自治体の業務について、具体的なイメージをもつことが難しく、グラフの増減の背景にはどのような事情があるのだろうという推測を働かせることがなかなかできなかった。つまり、財政分析に必要なスキルと知識・経験に関して、前述の研究会メンバーと学生たちとはちょうど真逆であったわけだ。

つまるところ、財政分析はひとりでコツコツやってみるのもよいが、大勢で、かつ可能であれば異なる世代を交えてのグループで実施するのが最良ということになろう。できればそれぞれに異なる自治体を担当し、比較しながらやってみることをおすすめする。本書は上記のような経過のなかで執筆を思い立ったものであり、読者が多様な立場から財政分析に関わっていただく際の一助となれば幸甚である。

第2刷補遺

地方財政状況調査DBは、毎年度の決算データ追加や形式のマイナーチェンジを行いつつしばしば更新されている。歳入や地方債のように年々の項目名の改廃が多いデータセットもあり、データベース化には時間を要しているようで、またデータベース化に際してのミスも散見される。現時点で判明しているものとしては、地方債現在高の状況（33表）で1995～2000年度分のデータが欠落していることや、公営企業（法非適）等に対する繰出し等の状況（27表）で2017年度データがズレていること等がある。今後の修正が期待される。

（2021年8月）

―― 序　章

図序-1　総務省サイトで公開されている財政データ
http://www.soumu.go.jp/iken/jokyo_chousa_shiryo.html （枠内はデータが公開されている決算年度）

地方財政状況調査関係資料

総務省では、地方財政の状況を把握するため、毎年度、「地方財政状況調査」を行っています。
地方財政状況調査等により得られた地方財政に関する情報を、以下のとおり、様々な観点からまとめて公表しています。

地方公共団体全体の財政状況について

地方財政白書　1953年版（1951年度決算分）～

「地方財政法」（昭和23年法律第109号）第30条の2第1項の規定に基づき、内閣が、地方財政の状況を明らかにして国会に報告しているものです。
決算収支や歳入、歳出等について分析するとともに、「地方公共団体の財政の健全化に関する法律」（平成19年法律第94号）に基づく健全化判断比率や、主要な公共施設等の状況、地方財政運営の動向や地方財政をめぐる諸課題への対応についてもまとめています。

普通会計決算の概要　PDFのみ

各年度の普通会計決算の概要について、地方公共団体全体、都道府県分及び市町村分をそれぞれまとめたものです。

地方財政統計年報　2003年度分～

地方財政に関する主な統計情報について、都道府県、市町村、政令指定都市、特別区、中核市、施行時特例市、都市、町村及び一部事務組合別にまとめた、いわば「地方財政白書」の計数資料といえるものです。
過去10年の決算額の累年比較や、目的別、性質別歳出を組み合わせた情報も掲載しています。

財政指数表　都道府県分は2009年度～　市町村分は2005年度～
（都道府県財政指数表／類似団体別市町村財政指数表）

都道府県については財政力指数、市町村については人口及び産業構造により分類されたグループ（類似団体）別の決算額の平均値等をまとめたものです。

各地方公共団体の財政状況について

決算カード　2001年度～　2015年度分からExcelファイル

各都道府県・市町村の普通会計歳入・歳出決算額、各種財政指標等の状況について、団体ごとに1枚にまとめたものです。

財政状況資料集　2010年度分～　ただし市町村分（政令指定都市分を除く）は都道府県サイトのリンク

普通会計の歳入・歳出決算額や各種財政指標、一人当たり行政コストやストックに関する情報に加え、決算額や各種財政指標等についての各団体による経年比較や類似団体間比較などの分析を、都道府県・市町村ごとにまとめたものです。

地方公共団体の主要財政指標一覧　2005年度分～　（2003、2004年度分はPDF）

各都道府県・市町村の主要な財政指標（財政力指数、経常収支比率、実質公債費比率、将来負担比率及びラスパイレス指数）を一覧にまとめたものです。

決算状況調　2002年度分～
（都道府県／市町村別）

各都道府県・市町村の普通会計決算に係る主要な情報をまとめたものです。個別団体の財政状況を詳しく比較、分析する場合には、こちらをご覧ください。

地方財政状況調査個別データ　1989年度分～　☆本書で利用するデータベース
（都道府県／市町村）※政府統計の総合窓口（e-Stat）へのリンク

各年度に実施した地方財政状況調査の情報を全て掲載しています。地方財政状況調査の調査表単位で掲載しているので、作成要領や調査表様式を確認の上、ご活用ください。

予算・決算の対比　2015年度分～（都道府県、指定都市のみ、2018年度分より市町村追加）

都道府県、政令指定都市の性質別歳出の予算と決算について、一覧にまとめたものです。

［目次］

データベースで読み解く自治体財政
地方財政状況調査DBの活用

序章 *3*
図表・コラム一覧 *10*

第1章　自治体財政の制度概要と全般的動向 …………………… *11*

1　地方財政の基本的な枠組み *12*
1　自治体財政の全体像 *12*
2　主な歳入項目 *12*
3　歳出 *16*

2　地方財政に関する全国的動向 *17*
1　公共施設・インフラ整備をめぐる動向 *17*
2　三位一体改革と地域間財政格差の拡大 *18*
3　市町村合併とその財政的帰結 *18*
4　地方財政健全化法の施行と財政リストラ *19*
5　大規模災害と復興 *20*

第2章　地方財政状況調査データベースの利用方法 ………… *23*

1　地方財政状況調査データベースの所在と意味 *24*
2　地方財政状況調査DB利用の実際──歳入内訳の分析 *27*
3　データの整理 *34*
4　性質別経費の分析 *35*
5　目的別経費の分析 *37*
  1　レイアウト設定と07表〜13表の接合 *37*
  2　目的別・普通建設事業費のシートに分ける *38*
  3　普通建設事業費を除く目的別歳出を計算する *38*
  4　データを整理する *39*

第3章　グラフの読み取りとさらなる分析方法 ……………………… *45*

1　グラフの作成 *46*
2　全国自治体に共通した動向 *48*
3　普通建設事業費の内訳とその財源 *49*
4　民生費と扶助費の関係 *50*

5　地方債の分析　*52*

　　6　積立金の動向　*54*

　　7　人件費と物件費の動向　*56*

第4章　一般会計と他会計との関係　59

　　1　財政健全化判断比率と財政状況資料集　*60*

　　2　繰出金の分析　*62*

　　3　国民健康保険会計の分析　*64*

　　4　公営企業会計への繰出の詳細を調べる——病院の例　*66*

第5章　合併自治体の財政分析　69

　　1　合併自治体の分析目的とデータのダウンロード　*70*

　　2　データ整理の手順　*71*

　　　1　自治体別のシートを作る　*72*

　　　2　各自治体シートへのデータの移動　*72*

　　　3　合併前自治体データの合算　*73*

　　　4　データの整理　*73*

　　　5　性質別経費　*73*

　　3　歳入グラフの読み取り　*74*

　　4　歳出グラフの読み取りと詳細データ　*76*

　　5　地方債の分析　*77*

第6章　被災自治体の財政分析　81

　　1　国による財政措置　*82*

　　2　復旧・復興事業分歳入の分析　*83*

　　3　歳出の分析　*84*

　　4　災害復旧事業と普通建設事業　*86*

　　5　復旧・復興事業分を除く歳出の状況　*88*

あとがき　*90*

図表・コラム一覧

図序-1　総務省サイトで公開されている財政データ　5
図1-1　決算カードの例（金沢市の例）　14
図1-2　市町村歳入主要項目の推移　13
図1-3　市町村目的別歳出主要項目の推移　16
図1-4　市町村性質別歳出主要項目の推移　16

図2-1　地方財政状況調査データセット画面　25
図2-2　表示項目選択　27
図2-3　団体名の選択　28
図2-4　レイアウト設定画面　29
図2-5　統計表表示とダウンロード　30
図2-6　シートの編集　31
図2-7　ダウンロードしたデータの例　31
図2-8　年度昇順の並び替え　32
図2-9　データ整理作業のための画面分割　34
図2-10　歳入項目のデータ整理　35
図2-11　性質別経費のデータ整理　36
図2-12　目的別歳出データのダウンロード　38
図2-13　シート間の串刺し計算　39
表2-1　地方財政状況調査のデータセット　26
表2-2　歳入の表示項目・レイアウト設定（04表）　27
表2-3　歳入内訳（04表）の調査表レイアウト　40
表2-4　性質別経費の設定（14表）　36
表2-5　07表の調査表レイアウト　42
表2-6　歳出内訳及び財源内訳の設定（07~11表）　37

図3-1　基本的な財政データのグラフ化（金沢市の例）　46
図3-2　民生費目的別歳出内訳　50
図3-3　児童福祉費性質別歳出内訳　51
図3-4　児童福祉費財源内訳　51
図3-5　地方債データの簡略化　53
図3-6　地方債のフローとストック　53
図3-7　基金の状況　55
表3-1　08表の表示項目・レイアウト設定　51
表3-2　33表の表示項目・レイアウト設定　52
表3-3　29表の表示項目・レイアウト設定　55
表3-4　89表の設定（性質別細目）　57
表3-5　89表の設定（目的別）　57

図4-1　健全化判断比率の対象範囲　60
図4-2　金沢市公営事業会計等への繰出金内訳　63
図4-3　珠洲市公営事業会計等への繰出金内訳　63
図4-4　2015年度国民健康保険会計の歳入比較　64

図4-5　珠洲市病院会計への繰出内訳　66
図4-6　地方公営企業年鑑　病院事業の個表　67
図4-7　個表データ　67
表4-1　財政状況資料集の構成　61
表4-2　公営企業等に対する繰出金の表示項目・レイアウト設定（27、28表）　62
表4-3　国民健康保険事業会計決算の表示項目・レイアウト設定（52表）　64
表4-4　病院事業に対する繰出金の表示項目・レイアウト設定（28表）　66

図5-1　ダウンロード後のデータの状況　71
図5-2　データ移動の完了　72
図5-3　合併前自治体の合算　73
図5-4　データの整理　73
図5-5　合併前後の歳入　74
図5-6　合併前後の性質別歳出　75
図5-7　白山市分野別人件費の推移　76
図5-8　白山市施設等管理費の推移　77
図5-9　白山市公営企業等への繰出金　78
図5-10　合併前後地方債発行状況　79
表5-1　歳入内訳（04表）の設定　70
表5-2　性質別歳出の表示項目・レイアウト設定（14表）　74
表5-3　施設の管理費等の状況（46表）の表示項目・レイアウト設定　77
表5-4　地方債発行額の表示項目・レイアウト設定（33表）　78

図6-1　陸前高田市復旧・復興関係歳入　83
図6-2　陸前高田市復旧・復興関係歳入5年間の内訳（繰入金・繰越金を除く）　84
図6-3　陸前高田市復旧・復興事業費性質別　85
図6-4　復旧・復興事業分積立金と目的別のクロス　85
図6-5　積立金を除く目的別　86
図6-6　復旧・復興事業分普通建設事業費の目的別　87
図6-7　復旧・復興事業分を除く歳入　88
図6-8　復旧・復興事業分を除く性質別歳出　88
表6-1　目的別歳出の表示項目・レイアウト設定（74~79表）　85
表6-2　性質別歳出の表示項目・レイアウト設定（80表）　85

コラム　地方交付税制度の概要　21
コラム　地方財政状況DBの用語について　25
コラム　エクセルの基本的な操作　33
コラム　組み合わせグラフの作成　54
コラム　普通建設事業費のより詳しいデータ　57

第1章

自治体財政の制度概要と全般的動向

本書は地方財政状況調査データベースを用いた財政分析の紹介を主目的とするが、それに先立って本章では、自治体財政の基本的な仕組みを解説しつつ、財政分析の焦点ないし観点に関わる地方財政の全般的な動向を論じておきたい。

　財政分析において留意すべきことは、単年度の分析はあまり意味がないということである。無論、他自治体の財政と比較する場合には単年度のデータで行わざるを得ない。しかし、一つの自治体を分析していく場合には、現在直面している問題が何に起因しているのか、長期的にみて自治体の財政構造はどのように変化しているのか、その趨勢から考えて今後どのようなことが予想されるかを検討していく必要がある。したがって、できる限り長期的なデータを用いて、時系列的な変化をとらえていくべきである。本書で分析に用いる地方財政状況調査データベースは、現在1989年度決算まで遡ることができる。本章でもこれに倣いつつ、キリのよいところで1990年度以降の全国データを示していくこととしたい。また、以下では主に市町村財政を事例として取り上げていくが、都道府県財政についても同様に分析可能である。

1　地方財政の基本的な枠組み

1　自治体財政の全体像

　地方財政とはそもそも、住民から集めた税金や国を通じて再分配される財源をどのように使うかということである。このような構造を大づかみにするのに便利なのが「決算カード」である。以前には財政分析といえばまず決算カードを元にデータ入力するのが常道であった。図1-1（14-15ペ ージ）に石川県金沢市の2015年度の決算カードを示したが、全国の都道府県・市町村について2001年度以降分をすべてダウンロードできるので、一度みていただきたい。

　決算カードにはかなり多くの情報が盛り込まれていることがわかるだろう。まず上部に人口や面積、産業構造等が示されており、その下に歳入、地方税の内訳、収支状況等が示されている。そして下半分には左から性質別歳出、目的別歳出が示され、その他にも財政に関する各種指標や、公営事業等への繰出、国民健康保険会計の状況等が示されている。本書で説明していく財政分析も基本的にはこれらの歳入・歳出項目を時系列的に並べてその変化をとらえていくということが基本である。

　なお、地方財政は国の財政とは異なり、歳入面では地方税や地方債という自治体が自ら調達する財源だけではなく、地方交付税や国庫支出金という国から移転される財源（依存財源）の比重が大きい。それゆえに国の政策動向に左右されやすい面がある。これは歳出面にもいえることであり、国から義務づけられた業務が自治体の多くを占めるため、自治体独自の業務（自治事務）あるいは自治体自らの戦略の下に使える財源がどれだけ確保できるかが、自治体の財政政策上は重要な関心事となる。以下ではこのような視点から、自治体の歳入・歳出の基本的枠組みをまず概説しておきたい。

2　主な歳入項目

　まず、全国市町村の歳入の内訳を長期的に見てみよう（図1-2）。これは、『地方財政統計年報』という全国データを集計したものから作成した。歳入の主な項目は、地方税、地方交付税、国庫支出金、地方債等

図1-2 市町村歳入主要項目の推移 （単位：兆円）

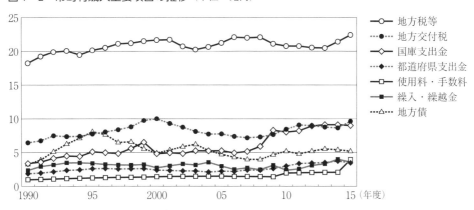

である。前出の決算カードにはたくさんの歳入項目があったが、このうち主なものだけ抜き出したことになる。図で「地方税等」としているのは、地方譲与税や県税から市町村への配分（地方消費税交付金等）を含めているためである。地方税は国税と異なり、景気による変動は比較的少ないが、企業の大規模な生産設備等が立地している場合にはその影響を受ける。また、この図では地方税が他の歳入項目より圧倒的に大きくなっているが、自治体によっては地方税収が一番の歳入項目ではないところも少なくない。

必要最低限の歳出のうちどこまでを地方税で賄うことができるかを示す比率を財政力指数という。財政力の地域間格差はかなり大きいため、この格差を均すために配分されるのが地方交付税である。交付税は財政力の弱い団体や人口規模の小さい団体により多く配分され、地方税等だけで最低限の歳出を賄うことができる団体は不交付団体となる。交付税は、図1-2にみられるように、2000年代前半から半ばにかけて徐々に削減されていたが、2010年代には再び増加傾向に転じている。この背景については後述するが、一般財源（ひもつきでない財源）とされる交付税も、国の政策動向によってこのように変化するのである。なお、交付税の仕組みについては本章末（21ページ）のコラムを参照されたい。国庫支出金も同様であり、2000年代前半の抑制傾向と09年度以降の高水準への回帰が見られる。

地方債は1990年代半ばを中心に大きく増加していたが、2000年代以降は収束に向かい、近年は横ばいである。地方債は自治体の借金として悪者扱いされることが多いが、公共施設の建設のように後年度の便益とその償還のタイミングが一致するという点では有意義であるし、国がその償還費の一部を交付税で負担するものも多いので、単純に否定すべきものではない。また近年の地方債の多くは臨時財政対策債という交付税の代替財源であり、これも後年度に償還費が全額交付税措置されることとされている。

図1-1 決算カードの例（金沢市の例）

平成27年度 決算状況					
人口	27年国調	465,699 人			
	22年国調	462,361 人			
	増減率	0.7 %			
面積		468.64 km²			
人口密度		994 人			

区分	住民基本台帳人口	うち日本人
28. 1. 1	454,356 人	449,662 人
27. 1. 1	453,081 人	448,568 人
増減率	0.3 %	0.2 %

歳入の状況 （単位：千円・%）

区分	決算額	構成比	経常一般財源等	構成比
地方税	79,167,507	45.6	73,118,362	74.4
地方譲与税	1,199,035	0.7	1,199,035	1.2
利子割交付金	148,989	0.1	148,989	0.2
配当割交付金	348,716	0.2	348,716	0.4
株式等譲渡所得割交付金	366,449	0.2	366,449	0.4
地方消費税交付金	9,871,443	5.7	9,871,443	10.0
ゴルフ場利用税交付金	50,495	-	50,495	0.1
特別地方消費税交付金	-	-	-	-
自動車取得税交付金		0.2	284,832	0.3
軽油引取税交付金	-	-	-	-
地方特例交付金	272,745	0.2	272,745	0.3
地方交付税	14,019,822	8.1	12,566,602	12.8
内訳 普通交付税	12,566,602	7.2	12,566,602	12.8
特別交付税	1,453,220	0.8		
震災復興特別交付税				
（一般財源計）	105,730,033	60.9	98,227,668	99.9
交通安全対策特別交付金	82,726	0.0	82,726	0.1
分担金・負担金	2,608,716	1.5		
使用料	2,629,778	1.5		
手数料	1,112,530	0.6		
国庫支出金	28,078,033	16.2		
国有提供交付金	14,711	0.0	14,711	0.0
（特別区財調交付金）				
都道府県支出金	10,172,307	5.9		
財産収入	736,450	0.4		
寄附金	83,844	0.0		
繰入金	1,692,617	1.0		
繰越金	2,696,787	1.6		
諸収入	2,593,808	1.5	4,759	0.0
地方債	15,241,000	8.8		
うち減収補塡債（特例分）	-	-		
うち臨時財政対策債	7,525,000	4.3		
歳入合計	173,473,340	100.0	98,329,864	100.0

市町村税の状況

区分	収入済額
普通税	70,587,420
法定普通税	70,587,420
市町村民税	36,486,965
内訳 個人均等割	791,704
所得割	25,827,958
法人均等割	1,897,389
法人税割	7,969,914
固定資産税	29,737,344
うち純固定資産税	
軽自動車税	
市町村たばこ税	
鉱産税	-
特別土地保有税	-
法定外普通税	-
目的税	8,580,087
法定目的税	8,580,087
内訳 入湯税	31,676
事業所税	2,499,266
都市計画税	6,049,145
水利地益税等	-
法定外目的税	-
旧法による税	-
合計	79,167,507

性質別歳出の状況 （単位：千円・%）

区分	決算額	構成比	充当一般財源等	経常経費充当一般財源等	経常収支比率
人件費	22,812,813	13.4	20,938,061	20,449,696	19.3
うち職員給	14,672,315	8.6	13,355,358		
扶助費	41,826,918	24.5	13,101,030	13,051,720	12.3
公債費	26,677,204	15.6	26,424,036	24,912,998	23.5
内訳 元利償還金 元金	24,095,169	14.1	23,882,758	22,373,938	21.1
利子	2,581,709	1.5	2,540,952	2,538,734	2.4
一時借入金利子	326		326	326	0.0
（義務的経費計）	91,316,935	53.5	60,463,127	58,414,414	55.2
物件費	21,		17,414,365	13,875,253	13.1
維持補修費	1,		877,435	877,435	0.8
補助費等	15,		13,921,263	10,807,988	10.2
うち一部事務組合負担金	18,172	0.0	18,172	17,641	0.0
繰出金	15,393,358	9.0	12,575,247	10,865,774	10.3
積立金	1,631,904	1.0	1,600,000		
投資・出資金・貸付金	1,190,231	0.7	753,896	1,646	0.0
前年度繰上充用金	-	-	-		
投資的経費	22,913,166	13.4	8,488,017		
うち人件費	552,178	0.3	552,178		
内訳 普通建設事業費	22,907,980	13.4	8,487,882		
うち補助	10,562,661	6.2	1,342,840		
うち単独	11,358,346	6.7	6,847,363		
災害復旧事業費	5,186	0.0	135		
失業対策事業費	-	-	-		
歳出合計	170,556,753	100.0	116,093,350		

経常経費充当一般財源等計	94,842,510 千円
経常収支比率	89.6 % （ 96.5 %）
（減収補塡債（特例分）及び臨時財政対策債除く）	
歳入一般財源等	119,009,937 千円

目的別

区分
議会費
総務費
民生費
衛生費
労働費
農林水産業費
商工費
土木費
消防費
教育費
災害復旧費
公債費
諸支出金
前年度繰上充用金
歳出合計

繰出	合計
公営事業等へ	下水道
	病院
	市場
	上水道
	国民健康保険
	その他

(注) 1. 普通建設事業費の補助事業費には受託事業費のうちの補助事業費を含み、単独事業費には同級他団体施行事業負担金及び受託事業費のうちの単独事業費を含む。
2. 東京都特別区における基準財政収入額及び基準財政需要額は、特別区財政調整交付金の算出に要した値であり、財政力指数は、前記の基準財政需要額及び基準財政収入額により算出。
3. 産業構造の比率は分母を就業人口総数とし、平成22年国調は分類不能の産業を除き、平成17年国調は分類不能の産業を含んでいる。

第1章　自治体財政の制度概要と全般的動向

産　業　構　造			都道府県名		団　体　名		市　町　村　類　型	中核市
区分	22年国調	17年国調	17		2014			
第 1 次	3,150 1.5	3,637 1.6	石川県		金沢市		地方交付税種地	1 - 6
第 2 次	46,508 22.0	51,293 22.6	区　　　　　分				平成27年度(千円)	平成26年度(千円)
第 3 次	161,389 76.5	167,337 73.8	歳	歳　入　総　額			173,473,340	181,440,997
(単位：千円・％)		指定団体等 の指定状況		歳　出　総　額			170,556,753	178,744,210
構　成　比	超過課税分			歳 入 歳 出 差 引			2,916,587	2,696,787
		旧　新　産 ×	収	翌年度に繰越すべき財源			817,202	526,482
89.2	1,415,269	旧　工　特 ×	支	実　質　収　支				2,170,305
89.2	1,415,269	低　開　発 ×	状	単 年 度 収 支		**収支状況**		22,345
46.1	1,415,269	旧　産　炭 ×	況	積　立　金			300,678	676
1.0		山　振 ○		繰 上 償 還 金			1,502,195	2,002,094
32.6		過　疎 ×		積 立 金 取 崩 し 額				
2.4		首　都 ×		実 質 単 年 度 収 支			1,731,953	2,025,115
10.1	1,415,269	近　畿 ×	区　　　　　分		職員数(人)	給料月額 (百　円)	一人当たり平均 給料月額(百円)	
37.6		中　部 ○	一 般 職 員	一　般　職　員		2,412	7,474,788	3,099
37.2		財政健全化等 ×		うち消防職員		415	1,279,030	3,082
1.0		指数表選定 ○		うち技能労務員		333	1,007,325	3,025
4.5		財源超過 ×		教　育　公　務　員		81	307,687	3,799
-				臨　時　職　員		-	-	-
-				等　　　合　　　計		2,493	7,782,475	3,122
-			ラ　ス　パ　イ　レ　ス　指　数					99.4
10.8		一部事務組合加入の状況		特　別　職　等	定　数	適用開始年月日	一人当たり平均給料 (報酬)月額(百円)	
10.8		議員公務災害 ×	し 尿 処 理 ×	市　区　町　村　長	1	27.04.01	11,800	
0.0		非常勤公務災害 ×	ご み 処 理 ×	副市区町村長	2	27.04.01	9,600	
3.2		退 職 手 当 ×	火 葬 場 ×	教　育　長	1	28.04.01	7,420	
7.6		事 務 機 共 同 ×	常 備 消 防 ×	議　会　議　長	1	28.04.01	8,100	
		税 務 事 務 ×	小 学 校 ×	議 会 副 議 長	1	28.04.01	7,450	
		老 人 福 祉 ×	中 学 校 ×	議　会　議　員	36	28.04.01	7,100	
100.0	1,415,269	伝 染 病 ×	そ の 他 ○					

歳　出　の　状　況			(単位：千円・％)		区　　　分	平成27年度(千円)	平成26年度(千円)
決算額 (A)	構成比	(A)のうち 普通建設事業費	(A)の 充当一般財源等		基 準 財 政 収 入 額	63,291,298	61,007,350
957,935	0.6	661	957,455		基 準 財 政 需 要 額	75,857,900	75,622,135
12,277,947	7.2	591,520	10,210,113		標 準 税 収 入 額 等	81,505,458	79,320,134
62,511,587	36.7	1,190,206	29,703,369		標 準 財 政 規 模	101,597,126	102,944,011
12,757,226	7.5	1,075,297	10,118,366		財　政　力　指　数	0.81	0.80
			1,480	412,997	実 質 収 支 比 率 (％)	2.1	2.1
目的別歳出		927,416	1,675,569	判 断	公 債 費 負 担 比 率 (％)		22.8
		557,346	3,572,764		実 質 赤 字 比 率 (％) **各種財政指標**		
23,850,828	14.0	12,745,610	13,902,363	比	連結実質赤字比率 (％)		
5,020,826	2.9	1,090,987	4,107,798	率	実 質 公 債 費 比 率 (％)	7.6	7.6
19,605,373	11.5	4,727,457	14,965,465	化	将 来 負 担 比 率 (％)	73.1	82.6
5,186	0.0		135	積立金 現在高	財　　調	3,004,580	2,703,902
26,677,204	15.6	-	26,424,036		減　　債	603,520	603,520
146,164	0.1	-	42,920		特　定　目　的	11,120,712	10,974,577
					地 方 債 現 在 高	225,182,500	234,036,669
170,556,753	100.0	22,907,980	116,093,350	債務負担行為額 (支出予定額)	物 件 等 購 入	12,181,516	10,667,620
					保 証 ・ 補 償	1,507,227	1,482,144
23,359,544	会 計	実　　質　　収　　支	125,343		そ　の　他 実 質 的 な も の		
6,703,716	国 民	再　差　引　収　支	-926,282		収 益 事 業 収 入	18,904	12,704
814,666	健 康	加入世帯数(世帯)	62,810		土 地 開 発 基 金 現 在 高	2,822,935	2,719,585
342,496	保 険	被保険者数(人)	100,422	徴収現年・計 率(％)	合　　　計	99.0　94.7	98.8　94.1
328,069	の 状 被保険者 1人当り{	保険税(料)収入額	104		市　町　村　民　税	99.0　94.9	98.9　94.5
4,339,783	況 事	国　庫　支　出　金	107		純 固 定 資 産 税	98.8　93.8	98.6　92.9
10,830,814	業	保　険　給　付　費	343				

4．住民基本台帳人口については、住民基本台帳関係年報の調査基準日変更に伴い、平成25年度以降、調査年度の1月1日現在の住民基本台帳に登載されている人口を記載。

5．面積については、調査年度の10月1日現在の市区町村、都道府県、全国の状況をとりまとめた「全国都道府県市区町村別面積調」(国土地理院)による。

6．個人情報保護の観点から、対象となる職員数が1人又は2人の場合、「給料月額(百円)」及び「一人当たり平均給料月額(百円)」を「アスタリスク(＊)」としている。(その他、数値のない欄については、すべてハイフン(-)としている。)

15

3　歳出

自治体の歳出内訳を表す方法として、目的別分類と性質別分類とがある。目的別分類は図1-3に示すように、総務費、民生費、土木費というように、予算が使われる政策分野による区分であり、性質別分類は図1-4に示すように、人件費、物件費、普通建設事業費という経費の経済的性質による区分である。同じ歳出を横からみた場合と縦からみた場合としてとらえると理解しやすいかもしれない。財政分析ではこの二つの歳出分類を見比べて、ある目的別歳出がどの性質別歳出と関連付いた動きをしているかを読み取っていくことが肝心である。さらには、歳出の動向とその財源（歳入）との連動関係をみることも重要である。以下では歳出の二つのグラフと、必要に応じて前出の歳入グラフとを見比べながら財政の変化を跡づけていきたい。

まず、目的別歳出で最も大きな伸びを示しているのが民生費である。民生費は児童福祉、老人福祉、生活保護等の社会保障分野に関わる費目である。1999年度まで増加し、2000年度にいったん減少した後再び増加を続け、10年度に急増してその後高水準を続けている。この変化の詳細については第3章で説明していくことにしたい。性質別で民生費とよく似た変化を示しているのが扶助費である。扶助費とは、生活保護や児童手当等の金銭給付、保育所運営費等のサービス給付というように、給付にかかる費用を示しているため、扶助費の大半は

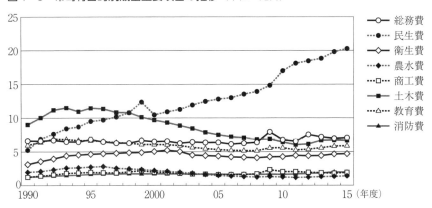

図1-3　市町村目的別歳出主要項目の推移（単位：兆円）

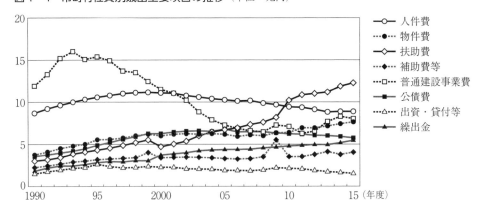

図1-4　市町村性質別歳出主要項目の推移（単位：兆円）

民生費関連のものである。民生費の性質別内訳では、扶助費のほかに人件費、繰出金、物件費等が相対的に多い。

目的別歳出で次に目立つものは土木費である。これは道路、橋梁、河川等のインフラや国土保全に関する分野の歳出だが、性質別での普通建設事業費と関連性が強い。土木費は1990年代に大きく山を描くような増加をみせたが、2000年代にかけて減少していき、近年は横ばいである。性質別でこれとよく似た動きを示しているのが普通建設事業費である。普通建設事業費とは、災害復旧事業費以外の公共事業費と考えればよいが、ここには土木分野だけでなく、農水、教育、衛生等さまざまな分野のハード建設にかかる費用が含まれている。

では次に性質別歳出の方からみてみよう。前述の普通建設事業費、扶助費とならんで大きなものとして人件費がある。一般職員の人件費は目的別でいえば総務費に計上されることが多いが、土木、民生、衛生等の分野での専門職員はそれぞれの目的別歳出に計上される。人件費は1998年頃をピークに減少傾向にあり、自治体の財政緊縮策のなかで最も削減されやすい経費として扱われていることが窺える。これに対して物件費は近年徐々に上昇してきている。物件費は備品や消耗品のみでなく、委託費や賃金等も含む。人件費削減の一方で業務の民間委託や非正規雇用への置き換えが進んだりしていることが背景にあると推測される。その他、補助費や繰出金については後の章で順次説明していきたい。

2　地方財政に関する全国的動向

財政分析を行う際に、全国的動向として共通して現れる変化を踏まえておく必要があるだろう。グラフに現れる大きな変化は、国と地方の行財政関係に関わる制度改革や、国の政策への地方の動員に起因している。以下では近年の国・地方関係をめぐるいくつかの注目すべき出来事を取り上げ、地方財政に及ぼす影響について論じておきたい。

1　公共施設・インフラ整備をめぐる動向

前出図1-4で示されたように、1990年代には普通建設事業費が大きく膨らみ、ピーク時には歳出の3分の1も占めるほどになっていた。この原因は、不況対策や貿易黒字解消のための内需拡大を目的とした国の公共事業推進策にあった。この時期の公共事業拡大の多くは地方単独事業、すなわち国の補助金を受けずに地方債と一般財源を主な財源とする建設事業に依っていた。図1-2に現れていたように、この時期の歳入面で地方債が大きく膨れ上がっていたのは、この単独事業の財源調達が影響していたとみることができる。また地方債発行は後年度において元利償還費（公債費）を伴うものであるため、図1-4では2000年代半ばにかけての公債費増加状況も確認できる。この地方債には交付税措置（公債費の一部を交付税算定時に上乗せすること）がなされたとはいえ、当然のことながら自治体の実質的な負担を伴うものである。その後建設事業は2000年代に一気に縮小に向かったが、後述するように、合併した自治体においては合併特例債事業による建設事業が増加しているところもある。

その一方で、現在のところ大きな焦点となっているのが、1970～80年代に建設されたインフラや公共施設の老朽化である。国は自治体に対して「公共施設等総合管理計

画」の策定を求め、耐震化、長寿命化による年度間の負担平準化、民間資金の活用、公共施設の整理統合および再配置（コンパクトシティ化）、交通インフラや都市計画のあり方をも含めた立地適正化を検討するよう促している。

財政分析上の課題としては、公共施設をめぐるこれらの動向を踏まえつつ、建設事業が住民ニーズに合致したものであるかどうかの内容の分析や、その財源が国や県の補助によるか、地方債によるか、あるいは後年度負担を含めて一般財源の充当状況はどうかを考えていくことになるだろう。財政分析に際しては、当該自治体が策定している「公共施設等総合管理計画」（自治体によっては立地適正化計画、施設マネジメント計画等の名称も）をぜひ参照していただきたい。同計画には公共施設・インフラの建設時期と更新時期、将来的な財政負担の試算等が盛り込まれているので、財政分析上大いに役立つだろう。

2　三位一体改革と地域間財政格差の拡大

三位一体改革とは、2003〜07年にかけて行われた、国と地方の財源配分関係に関する改革である。国庫支出金や地方交付税といった「依存財源」を減らし、自主財源である地方税を拡充することで地方の財政的自律性を高めるというのが改革の趣旨であった。つまり、国庫支出金・交付税削減額と地方税拡充（税源移譲）額とを釣り合わせるという意味で「三位一体」であったはずだが、蓋を開けてみれば、地方税の拡充（税源移譲）分を上回る国庫支出金の削減と、一方的な交付税の削減によって、地方の財源が削られて国の財政負担軽減に資するという結果に終わったものである。これは、国による地方からの財源収奪にとどまらず、地方財政にさまざまな影響をもたらした。

その最大の帰結は、国庫支出金や地方交付税は国の財政事情や政策によっていつ削減されるかわからないものだという、依存財源に対する自治体の猜疑心の高まりである。国庫支出金や交付税は本来、自治体間の財政力に配慮しつつナショナルミニマムの公共サービスに必要な財源を配分する財源保障システムであるが、これらが減額されうるという危機感が高まったといえる。また他方では、財政力の格差を是正する財政調整（交付税）が「モラルハザード」を引き起こすというプロパガンダが流布されたことも影響している。モラルハザード論とは、交付税という「自治体外の住民の税金」は、当該自治体の住民の懐を痛めないために無駄遣いを助長させるという主張である。この主張は、大都市圏などの財政力の強い地域の財政調整への不寛容という形でも噴出している。その一方で財政力の弱い自治体にあっては財政緊縮策への圧力として作用した。過疎高齢化に直面する地域にあっては、自治体の歳出は役場調達の物品や工事委託、さらには雇用という形で地域経済を支える面をもっていた。次に述べる市町村合併でも同様だが、役場の縮小・消滅によって地域経済が衰退する状況は多くの地域で観察される。

3　市町村合併とその財政的帰結

前述の地方交付税削減のなかで、財政力が弱く財源の多くを交付税に依っていた多くの自治体は財政の持続可能性に危機感を募らせた。この危機感に乗じて推進されたのがいわゆる平成の大合併である。

「市町村の合併の特例に関する法律」（合併特例法）は1965年に制定された法律であるが、その後10年単位で改訂を重ねてきた。95年施行の合併特例法は99年の地方分権一括法によって改正され、合併を選択した自治体に各種の財政的優遇措置を付与した。それによって、2004年度末に失効するまでの短期間に全国的な市町村合併の波をもたらしたのである。この財政措置のうち、主なものが交付税算定替特例と合併特例債の二つである。合併した市町村は、一つの自治体として算定（一本算定）されれば、交付税の交付額は大幅に減少するのが普通である。算定替特例は合併に伴うこのデメリットを緩和するため、合併後10年間は合併前市町村の算定額合計に基づいて交付税を交付し、その後5年間の激変緩和期間を経て一本算定に移行するものであった。また合併特例債は、合併自治体の一体感を醸成する目的で建設される施設や基金造成の財源として合併後10年間について認められた地方債で、事業費の95％まで地方債で賄うことができ、後年度元利償還費の70％の交付税措置（地方交付税の嵩上げ）がつくものであった。交付税削減や三位一体改革でダメージを受けていた財政力の弱い自治体にとって、これらの財政措置は福音と受け止められたのだろう、約3200あった市町村がわずか数年の間に約1800団体にまで減少するほどの合併の嵐が吹き荒れたのだ。

しかしこれらの財政措置は結局のところ10～15年間の時限措置であって、最初から終期は見えていた。それゆえ合併自治体は、交付税が一本算定される時期を目がけての経費削減を運命づけられていたのである。言い換えれば、市町村合併は行財政リストラの恰好の口実であった。本書第5章では合併自治体の事例を用いて財政分析の方法を示すが、合併から10年を経過した今日、その検証はきわめて重要だと考える。

合併した自治体の財政分析の方法については第5章で説明していく。

4　地方財政健全化法の施行と財政リストラ

厳しい財政リストラを進めたのは何も合併自治体だけではない。非合併自治体にあっても、いつ国からの財源配分を減らされるかわからないという、三位一体改革を通じて醸成された危機感は共通して抱えていた。こうした背景のなかで、2006年夏に報じられた北海道夕張市の財政「破綻」は自治体にさらなる衝撃を与えた。日本では公的財政に関する破産法制がないので、「破綻」は適切な表現ではないが、要は同市が自力では再建不可能なほどの債務を抱えていることが明らかになったのである。一般会計財政規模の2倍にも及ぶ債務の原因は、一般会計ではなく、特別会計を経由した先の第三セクターにあった。経営が悪化した第三セクターに対する不適切な貸付金が雪だるま式にふくれあがり、もはや粉飾しきれなくなった段階で「破綻」が報じられたのである。

夕張市以前にも自力再建が困難な財政状況に陥った自治体はいくつかあり、これらの自治体は「地方財政再建促進特別措置法（財政再建法）」に基づいて再建団体指定を受け、再建を果たしてきた。再建法適用を判断する指標として実質収支比率が定められていたが、これは一般会計の収支のみを示す指標であり、特別会計や第三セクターに赤字を隠していた夕張市の問題をチェックできなかったのである。

そこで、再建法に代わって2009年度から施行された「財政健全化法」では、一般会計だけではなく、特別会計、地方公社、第三セクター、一部事務組合や広域連合も含む連結関係での「健全化判断指標」が導入された。この健全化法によって自治体には一層の財政リストラ圧力が加わることとなった。判断比率への抵触を恐れるあまり、自治体は地方債の起債に一層慎重になり、採算性の厳しい特別会計や地方公社の再編に駆り立てられたのである。地方公営企業や地方公社、なかでも公立病院や下水道事業、観光事業関係の公社・第三セクターの多くに「資金不足」が指摘され、これらの再編が進められることとなったのである。このような一般会計外の各会計の分析については第4章で詳しく述べていきたい。

5　大規模災害と復興

2011年3月に発生した東日本大震災は、東北三県を中心とした広い範囲にわたって甚大な人的・物的被害をもたらした。地震・津波という自然災害による被害にとどまらず、福島第一原発のメルトダウンに伴う放射性物質の拡散は、人々の広域的な避難と生活・生業・コミュニティの破壊をもたらしている。発災から7年経つ現時点でも、津波被害の甚大であった地域や放射能汚染の被害を受けた地域では、元の生活を取り戻すにはなお長い年月が必要と思われる状況にある。近い将来に発生が予測されている東南海地震に向けても、東日本大震災の経験を踏まえての対策が不可欠であることはいうまでもない。

過去の災害に学ぶという観点からすれば、地方財政状況調査表が1989年度にまで遡ったデータベースとなっていることで、たとえば1995年の阪神淡路大震災、2004年の中越大地震などの過去の大規模災害被災自治体について、災害後に歳入や歳出構造がどのように変化したか、後年度の財政負担はどうだったのか、復旧復興が収束していく過程での財政上の課題は何か、ということを分析することもできよう。第6章では、東日本被災自治体の一例を用いて財政分析の方法を示していきたい。

地方交付税制度の概要

地方交付税制度は、自治体間の財政力格差を是正し、自治体が全国標準的な行政事務を執行できるための財源を保障する制度である。財源は国税の一定割合(これを「交付税」という)であり、各自治体には〔基準財政需要額－基準財政収入額〕に即した額が交付される。

基準財政需要額とは、標準的な行政事務を執行するための費用を自治体ごとに算定したものであり、基準財政収入額は地方団体の標準的な税収入の75%に地方譲与税等を加えたものである。つまり交付税交付額は、標準的な水準の行政サービスを行う際に、地方税だけでは不足する額を補うものと考えてよい。

基準財政需要額は、次の式で算定される。

$$\Sigma\ (測定単位 \times 補正係数 \times 単位費用)$$

測定単位とは、表に示すように、消防費なら人口、道路費なら道路延長などであり、単位費用は人口一人あたりの消防に要する費用、道路なら1kmあたりに要する費用、という単価を表す。補正係数は、小規模自治体、寒冷地、人口の急激な変化などの、単位あたりの行政コストを大きくする要因に対する配慮である。基準財政需要額は、消防費、土木費、教育費等の算定項目ごとに上記の計算を行ったものの合計で求められるが、その中には公債費も含まれている。

公債費にはしばしば「交付税措置」という特例的な算入が行われることがある。たとえば合併特例債という地方債の場合、その元利償還(公債費)の70%分が基準財政需要額に算入される。このような措置がとられることで、自治体は将来の公債費負担をあまり心配せずに地方債を発行できることになる。このように、「交付税措置」はしばしば、国による政策誘導に用いられるのである。

その一方で、近年では交付税財源が不足し、交付必要額(全国自治体の基準財政需要額と基準財政収入額の差額の合計)を配分できない事態が続いている。国はこの財源として、「臨時財政対策債」という赤字地方債の発行を認め、後年度のその元利償還額を100%交付税措置するということを行っている。何のことはない、交付税配分の先送りであるが、この交付税措置分が雪だるま式に膨れ上がってきているという異常事態を招いているのである。

基準財政需要額の算定項目(市町村分)

区分		算定項目	測定単位
個別算定経費	消防費	消防費	人口
	土木費	道路橋梁費	道路面積、道路延長
		港湾費	係留施設延長、外郭施設延長
		都市計画費	計画区域人口
		公園費	人口、都市公園面積
		下水道費	人口
		その他土木費	人口
	教育費	小学校費	児童数、学級数、学校数
		中学校費	生徒数、学級数、学校数
		高等学校費	教職員数、生徒数
		その他教育費	人口、幼児数
	厚生費	生活保護費	市部人口
		社会福祉費	人口
		保健衛生費	人口
		高齢者保健福祉費	65歳以上人口、75歳以上人口
		清掃費	人口
	産業経済費	農業行政費	農家数
		商工行政費	人口
		林野水産行政費	林業・水産業従事者数
	その他行政費	徴税費	世帯数
		戸籍住民基本台帳費	戸籍数、世帯数
		地域振興費	人口、面積
	臨時算定費*		人口等
公債費			地方債ごとに算定
包括算定経費			人口、面積

* 地域の元気創造事業費、人口減少等特別対策事業費など

第 2 章

地方財政状況調査データベースの利用方法

1 地方財政状況調査データベースの所在と意味

　地方財政全体をみる上での基本的統計資料として、『地方財政白書』や『地方財政統計年報』等があり、2003年度決算分から総務省サイトでエクセルファイルとしてダウンロード可能な形で提供されている（**図序-1**参照）。本書で主に使う「地方財政状況調査データベース」は、これら決算統計の元データであり、個々の都道府県・市町村が指定の書式に則って総務省に報告する個票をデータベース化したものである。地方財政状況調査表は、以前にはあまり公表されないものであって、筆者も毎年県に情報公開請求をして県内市町村分を紙媒体で収集していたものである。しかし08年度決算分のあたりから紙媒体でなくエクセルファイルで提供されるようになり、16年には総務省サイトでデータベースとして提供されるようになった。このデータベースは個々の都道府県・市町村の財政の詳細にわたるデータであり、使い方さえ理解できれば、誰でも全国各地の自治体の財政分析を行うことができる。

　まずは、このデータベースにアクセスしてみよう。「地方財政状況調査」で検索すれば、総務省の「地方財政状況調査関係資料」のサイトがみつかるだろう（http://www.soumu.go.jp/iken/jokyo_chousa_shiryo.html）。このページの「各地方公共団体の財政状況について」の下にある「地方財政状況調査個別データ（都道府県／市町村）」から、ここでは「市町村」を選択する。次画面で利用可能な年度が出てくるが、表示されている年度は決算年度の翌年である。つまり、2016年とあるのは2015年度決算データを意味している。データベースにはどの年度からもアクセス可能だが、最新年度のものはデータベース化されずエクセルファイルのみの公開のこともあり得るので、1年前のものを選んでみよう。なお、このデータベースは16年度頃から部分的な公開が始まり、徐々に整備されてきている段階であるため、データベースのフォームや公開年度等は今後変更される可能性があるので注意されたい。

　さて次画面（**図2-1**）では、このデータベースで提供される表の一覧が現れる。このデータベースは、各自治体が調査表様式にしたがって報告したデータから作られている。表番号が必ずしも連続番号になっていないのは、その時々の制度改正等を反映して表が追加されているためと考えられる。

　統計表一覧の画面で適当な表を選択し、DBのマークをクリックする。なお、ExcelまたはCSVのマークをクリックすれば、単年度の全国市町村のデータがダウンロードできるが、かなり容量の大きなファイルになるので、ネットワークの環境によってはダウンロードに時間がかかることに注意が必要である。

　さて、**表2-1**はこの統計表一覧をまとめたものだが、このデータベース（以下、DB）がかなり多岐にわたる内容を含んでいることがわかる。歳入、性質別歳出の各項目、性質別・目的別・財源のクロス関係、基金や地方債、特別会計の一部も収録されている。また、東日本大震災後には復旧・復興事業経費や全国防災事業経費が別途示されるようにもなった。

　これらのうちいくつかの表には、画面上では_1_2という記号が付されており、複

図2-1 地方財政状況調査 データセット画面

表番号	統計表	調査年月	公開（更新）日	形式	
-	作成要領	2016年	2012-01-01	PDF	
	調査表様式_1	2016年	2012-01-01	EXCEL	調査表様式
	調査表様式_2	2016年	2012-01-01	EXCEL	各自治体の
	調査表様式_3	2016年	2012-01-01	EXCEL	報告用フォーム
	調査表様式_4	2016年	2012-01-01	EXCEL	
00	表紙	2016年	2012-01-01	EXCEL CSV DB	
01	一部事務組合への加入等の状況_1	2016年	2012-01-01	EXCEL CSV DB	
	一部事務組合への加入等の状況_2	2016年	2012-01-01	EXCEL CSV DB	
02	決算収支の状況	2016年	2012-01-01	EXCEL CSV DB	
03	繰越額等の状況	2016年	2012-01-01	EXCEL CSV DB	← 表を選んでDBをクリックする
04	歳入内訳	2016年	2012-01-01	EXCEL CSV DB	

数の表が含まれているようにみえる。しかしDBにはこの区別はないので、いずれを選んでもかまわない。また、08表から13表のように、「その1」「その2」というように同じタイトルの表が複数に分かれているものがある。都道府県分に関してはこれらの表は一つのDBにまとめられているが、市町村の方では別々のDBとなっており、目的別歳出を一括して取り出すことはできない（今後統合されることに期待したい）。

また、DBに収録されている期間は1989年度以降であるが、市町村合併等によって決算統計の連続性が確保されない場合もある。ただし、合併によって廃止された自治体については89年度から合併前までの決算データを得ることができる。合併を経ているが名称が変わらない自治体については、合併前と合併後が連続した形でデータを得ることができる。合併を経ずに町から市に移行した自治体については、町名と市名の2種のデータを得ることができるので、それらを接続させればよい。合併自治体の分析方法については第5章を参照されたい。

地方財政状況DBの用語について

　地方財政状況調査DBの「統計表一覧」（図2-1参照）の一番上に「作成要領」というPDFファイルがある。これは決算データを提出する自治体職員向けの要領だが、このDBに出てくる各種用語の定義ともいうべきものなので、DBを利用していて「この区分は何？」という疑問が生じたら、この文書を参照してみることをおすすめする。例えば「扶助費」には何が含まれているのか、「補助費」とはどのようなものか、等を詳しく知りたいときに便利である。

　また、地方財政全般にわたる、もう少し平易な用語解説が『地方財政白書』巻末に掲載されている。白書は2005年版よりすべての図表や文章をインターネット上で閲覧可能なのでぜひ一度みていただきたい。

表2-1 地方財政状況調査のデータセット

表番号	統　計　表
0	表紙
1	一部事務組合への加入等の状況
2	決算収支の状況
3	繰越額等の状況
4	歳入内訳
5	収入の状況
6	市町村税の徴収実績
7	歳出内訳及び財源内訳　その1　議会費・総務費
8	その2　民生費・衛生費
9	その3　労働費・農水費・商工費
10	その4　土木費
11	その5　消防費・教育費
12	その6　（05年度以降）災害復旧費・公債費・諸支出金・前年度繰上充用金
13	その7　歳出合計／財源
90	一般行政経費の状況
14	性質別経費の状況
45	一部事務組合負担金等の性質別内訳の状況
15	人件費の内訳
16	職員給の状況
19	補助費等・維持補修費及び扶助費の内訳
89	物件費の内訳
47	扶助費の内訳
20	維持補修費及び受託事業費の目的別の状況
21～23	投資的経費の状況（普通建設事業費）
71～73	投資的経費の状況（用地取得費）
27	公営企業（法非適）等に対する繰出し等の状況
28	公営企業（法適）等に対する繰出し等の状況
29	基金の状況
30	貸付金、投資及び出資金の状況
32	資金収支の状況
33	地方債現在高の状況
34	地方債借入先別及び利率別現在高の状況
36	地方債年度別償還状況
93	一時借入金の状況
37	債務負担行為の状況
40	道路交通安全対策の状況
46	施設の管理費等の状況
70	道路関係経費の状況
96	選挙費の内訳
48	財産区の決算状況
43	繰越額等の状況（復旧・復興事業分）
41	歳入の状況　歳入内訳（復旧・復興事業分）
74～80	復旧・復興事業経費の歳出内訳及び財源内訳（構成は表7～13と同様）
97	基金の状況（復旧・復興事業分）
44	繰越額等の状況（全国防災事業分）
42	歳入の状況　歳入内訳（全国防災事業分）
81～87	全国防災事業経費の歳出内訳及び財源内訳（構成は表7～13と同様）
98	基金の状況（全国防災事業分）
50	収益事業会計決算の状況
51	収益金の使途状況
52	国民健康保険事業会計（事業勘定）決算の状況
53	国民健康保険事業会計（直診勘定）決算の状況
56	農業共済事業会計決算の状況（法適を含む。）
94	後期高齢者医療事業会計決算の状況（市町村）
95	後期高齢者医療事業会計決算の状況（広域連合）
63	介護保険事業会計（保険事業勘定）決算の状況
64	介護保険事業会計（介護サービス事業勘定）決算の状況
57	交通災害共済事業会計決算の状況（直営分のみ）
60	事業債現在高等の状況

図 2-2 表示項目選択

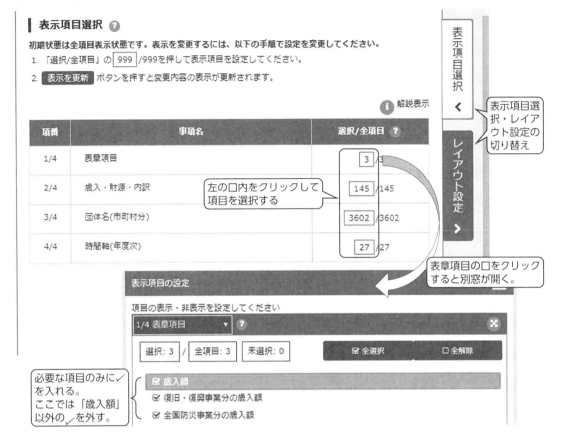

2 地方財政状況調査 DB 利用の実際——歳入内訳の分析

では、地方財政状況調査 DB を実際に使ってみよう。まず、統計表一覧の画面から04表の「歳入内訳」の DB を選択し、「統計表・グラフ表示」画面で左端の「表示項目選択」タグをクリックする（図 2-2）。この画面で各種の条件設定を行って DB からデータを取り出すことになる。

他の表を選択した場合でもおおよそ同様の設定画面になるので、ここでやや詳しく説明しておきたい。まず、「選択／全項目」の欄は最初はすべて選択された状態になっている。そこで、各事項について表示項目

表 2-2 歳入の表示項目・レイアウト設定（04 表）

事項名	表示項目	レイアウト
表章項目	歳入額	欄外
歳入・財源・内訳	全選択	行
団体名(市町村分)	対象自治体	欄外
時間軸(年度次)	全選択	列

を選択していく必要がある。ここでは表2-2のように項目の選択とその表示位置を定めていくこととする。

図2-2では「表章項目」の項目選択手順を示している。「選択／全項目」欄の□をクリックすると表示項目設定の別窓が開く。ここで必要な項目のみに✓を入れる。

図2-3に「団体名」の項目選択画面を示したので、ここに示した手順を試みていた

図2-3 団体名の選択

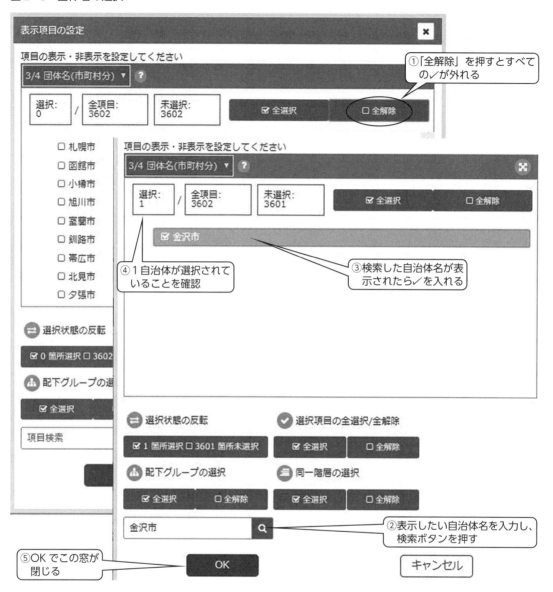

だきたい。「歳入・財源・内訳」は145項目もあるが、ここで絞るのはかえって面倒なので全選択のままとする。時間軸（年度次）はさしあたり全選択（1989年度から最新年度まで）としておくが、合併自治体の場合にはここでは合併後の年度を指定しておく。

ここで参考までに表2-3（40ページ）に、この「歳入内訳」の調査表様式を示した。紙ベースの時代からの「地方財政状況調査表」をご存知の方は、この「調査表様式」をみればなるほどと思われるかもしれない。各自治体はこのような形で毎年度にデータをとりまとめて報告するのであるが、このデータベースはこれらのデータを1989年度にまで遡って全国自治体分をいれた一つの壺（正確にいえば表2-1の表の数だけの壺）である。そこから必要なデータを

図2-4 レイアウト設定画面

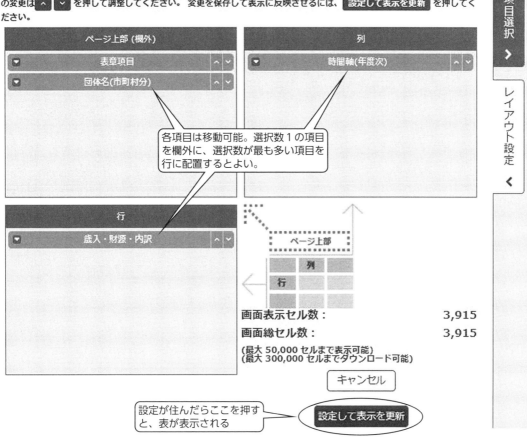

取り出すための条件設定がこの表示項目選択・レイアウト設定画面である。

表示項目選択が済んだら「レイアウト設定」のタグをクリックし、表の行・列項目を設定する。図2-4の「レイアウト設定」をみていただければわかるように、行（縦軸）に選択項目数の多いものを、列（横軸）に項目数があまり多くないものを設定するのがコツである。項目名の枠をドラッグすることで行・列・欄外のいずれかに移動させる。表章項目や団体名のように、選択項目数が一つのものは「ページ上部（欄外）」としておく。行や列に複数の項目を設定することも可能であるが、少々複雑になるのでこれは追って説明していく。表示位置の設定が済んだら画面右下方の「設定して表示を更新」で、実際にどのような形で表が作られるのかを確認しないと次のダウンロード手順には進めない。

次に、ダウンロードに進む。図2-4のところで「設定して表示を更新」ボタンを押し、統計表が表示されると、図2-5に示したように、画面上部の「ダウンロード」というタグが濃い表示に反転する。このモードになればダウンロードが可能になるので、「ダウンロード」タグをクリックすると「ダ

図2-5 統計表表示とダウンロード

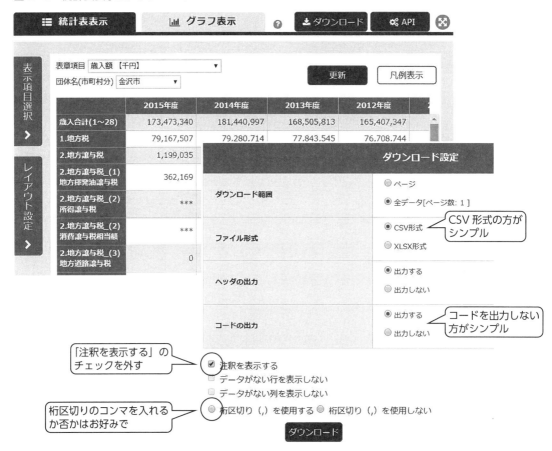

　ウンロード設定」の窓が開く。ここで最終的なダウンロードの形式を選択していく。
　「ダウンロード範囲」は「全データ」とすれば、大きな表がまとめてダウンロードされる（以下では基本的にこの方法）。「ファイル形式」は、CSV形式、XLSX形式いずれでも構わないが、CSV形式の方がシンプルで扱いやすい。いずれにせよ後でXLSX形式（エクセル形式）に変換することにはなる。「ヘッダの出力」や「コードの出力」は、DBの名称や統計表の名称、各データ系列に付される番号を入れるか否かで、いずれも好みによるが、いずれも「出力しない」とした方がシンプルな表になる。
　また、画面下部の選択肢で「注釈を表示する」を選ぶと、たとえば年度と年度の間に一列注釈列が挿入される形になるので、ここでは✓を外した方がいいだろう。また、桁区切りのコンマを入れるか入れないかはお好みでどうぞ。
　以上の設定が済んだら画面下部の「ダウンロード」を押すと、次が最終確認画面となり、そこで再度「ダウンロード」を押すと、ようやくダウンロードの完了となる。なお、ダウンロードされたファイルはCSVというファイルタイプであり、このままではこの後の作業に制約が出るので、「名前をつけて保存」を選び、自治体名等のファイル名にしてExcelブックとして保存しておく。シート名を「歳入」というように変

図２-６　シートの編集

図２-７　ダウンロードしたデータの例

	A	B	C	D	E	F	G	H	I
1	統計名：	地方財政状況調査 市町村分 調査表							
2	表番号：								
3	表題：	歳入内訳（復旧・復興事業経費、全国防災事業経費含む） 市町村分							
4	実施年月：	-	-						
5	市区町村時	-							
6									
7	***	数字が得られないもの							
8									
9	団体名(市	表章項目	歳入・財源	/時間軸(年	2015年度	2014年度	2013年度	2012年度	2011年度
10	金沢市	歳入額【千	歳入合計(1～28)		#######	#######	#######	#######	#######
11	金沢市	歳入額【千	1.地方税		#######	#######	#######	#######	#######
12	金沢市	歳入額【千	2.地方譲与税		1,199,035	1,141,081	1,196,383	1,251,395	1,328,784
13	金沢市	歳入額【千	2.地方譲与税_(1)地方		362,169	339,806	363,569	370,010	367,667
14	金沢市	歳入額【千	2.地方譲与税_(2)所得		***	***	***	***	***
15	金沢市	歳入額【千	2.地方譲与税_(2)消費		***	***	***	***	***
16	金沢市	歳入額【千	2.地方譲与税_(3)地方		0	0	0	2	2
17	金沢市	歳入額【千	2.地方譲与税_(4)特別		6,734	6,258	6,389	7,267	6,896

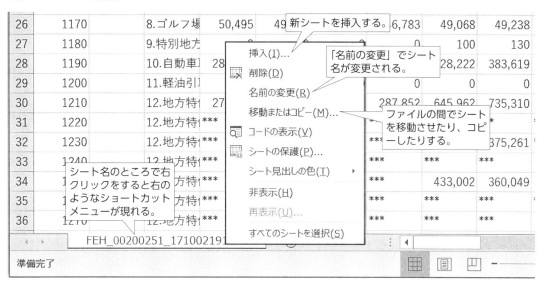

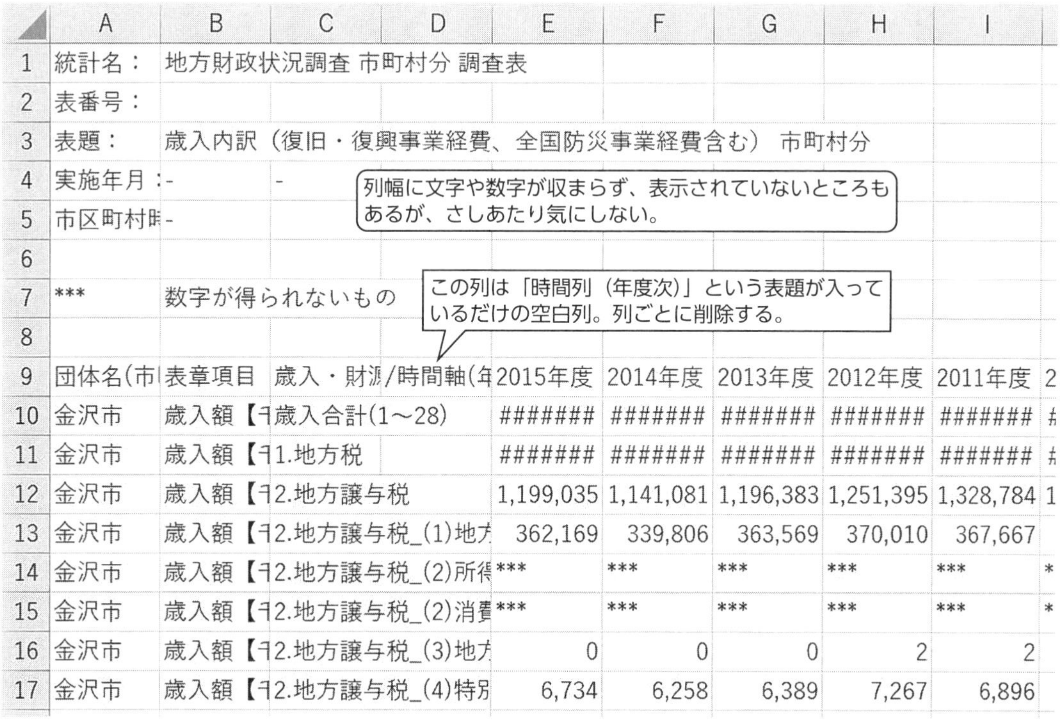

更しておくと、この後の作業で何かと便利である（シート名の変更方法については**図２-６**参照）。

図２-７はこのようにしてダウンロードしたデータの一部である。「###」で表示されているのはエラーではなく、桁数が大きすぎて列幅内に表示できないだけなので、列の幅を広げれば数字が現れるが、とりあ

図2-8 年度昇順の並び替え

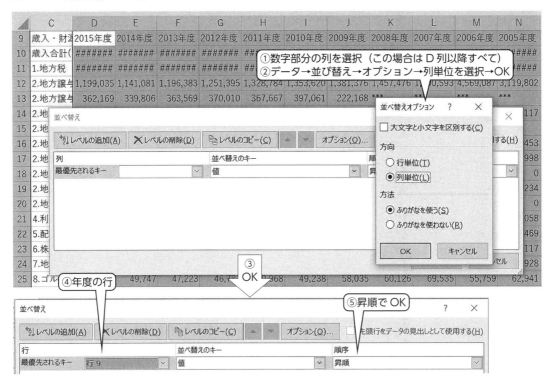

えずそのままにしておく。また、「***」と表示されているのは、データがないという意味である。制度変更によって過去にはあったが現在はないもの、あるいはその逆の場合である。このマークが表示されていると、今後表計算をしていく際にエラーが出ることがあるので、これを消しておく方がよい。シート全体を選択し、「置換」機能を使って「検索する文字列」を＊＊＊（必ず全角にすること！）とし、「置換後の文字列」に何も入れずに「すべて置換」を押せばよい。

また、D列については、9行目に「時間軸（年度次）」と入っているだけで、その下は空白となっている。このように項目名の入った列と数値の入った列の間に空白があると、後の処理が面倒なので、D列を削除しておく。列名Dをクリックして、右クリックした時ショートカットメニューが出てくるので、「削除」を選択する。

次に、図2-7の9行目、年度のところをみてほしい。なお、以下に例示する行・列の位置はデータのダウンロード状況によって異なるので図に示した表の場合は、ということで了解していただきたい。年度は最新のものから降順に並んでいるが、今後グラフ化していくことを考えると、年度を昇順（左から古い順）に並べ替えた方がよいだろう。D列以降を列単位で選択し、メニューバーの「データ」から「並び替え」を選択する（図2-8）。「並び替え」ウィンドウの「オプション」で「列単位」を選択し、いったんOKを押す。続いて、年度が記されている行（図では行9）を最優先されるキーとして、「OK」を押せば、年度昇順で並べ替えられる。

以下の説明では、ダウンロード後の上記の手順すなわち、①シート名の変更、②データのないセル（＊＊＊）の消去、③空白列の削除、④年度昇順の並び替え、については詳細な説明を省略していくが、毎回この作業は忘れずに実施してほしい。

エクセルの基本的な操作

エクセルはあまり使い慣れていないという方のために、いくつか基本的な操作について説明しておきたい。

エクセルの表のなかの、ひとつひとつのコマ（セルと呼ぶ）はマウス操作で移動やコピーをすることができる。左図はマウスポインタの形による操作のパターンを示している。

①は通常のマウスポインタの形だが、この時にクリックすればマウスポインタがあるセルを選択することができる。

②は選択したセルの枠線上にマウスポインタがある場合で、このときにマウスの左ボタンを押しながらマウスを動かす（ドラッグする）ことで、選択中のセルを移動させることができる。

③は選択したセルの右下角にマウスポインタがある場合で、このときに右方向あるいは下方向にドラッグすると、セルの内容をコピー（フィル）することができる。逆に、左あるいは上にドラッグするとセル内容が削除されるので、広い範囲を消したいときには便利。このとき、セルに数値が入力されていれば単に同じ数字をコピーするだけだが、連続性のある二つのセル（たとえば1と2、月と火）を選択して同じ操作をすれば、連続性に即したフィル（1,2,3,4…、月火水木金…）ができる。年度の入力に役立てたい。

また、下の図はこの③の機能を使った数式のフィルを示している。図のD158からD166のセルは、ここでは単なる数字に見えるが図2-10に示したような計算式が入力されている。これらのセルを選択してマウスボタンをいったん離し、D166の右下角にマウスポインタを合わせてドラッグすると、この計算式が右方向にフィルされる。このとき、フィルされたセルの計算式をみると、計算式のなかのセル参照（この場合は列名）が自動的に該当列名に修正されていることがわかる。この機能は以下の財政分析で多用するので、ぜひマスターしていただきたい。

	C	D	E	F	G	H
157		89	90	91	92	93
158	地方税等	67,754,931				
159	交付税等	8,543,813				
160	分担金・使用料等	4,911,281				
161	国庫支出金	11,163,394				
162	県支出金	4,179,997				
163	繰入・繰越	4,199,914				
164	貸付金回収	9,765,962				
165	地方債	7,299,490				
166	その他	5,426,140				
167						

3　データの整理

さて、ダウンロードしたデータは結構大きな表になっており、このままでは分析しづらいので、主要な歳出項目を取り出して整理した表を作成する。元データから必要なものを除き削除することでも構わないが、後で詳細を確認したくなることも多々あるので、さしあたり元データを温存したままデータの整理をしていきたい。

その際、「画面分割」をすると作業がしやすい。図2-9に示したように、画面中ほどの行（図では20行）を選択した上で、「表示」→「ウィンドウ」タブ中の「画面分割」を選択する。これにより画面の上下が別々にスクロールするようになるため、画面下半分でデータ整理作業を行うのに便利である。

図2-10はこのデータ整理作業を示したもので、D列に元データの入ったセルを参照した数式を示している。ダウンロードした表によってセル位置が異なるため、実際のセル参照（D12、D13など）はお手元の表に従っていただきたい。ここでは図2-9に示した表にのっとっている。実際には数式入力後 Enter を押してしまうと計算結果の数値が示されるが、数式は画面上方の「数式バー」に表示される。「地方税等」（158行）には、地方税の他、地方譲与税や利子割交付金から軽油引取税交付金までを合計している。これらの交付金類は都道府

図2-9　データ整理作業のための画面分割

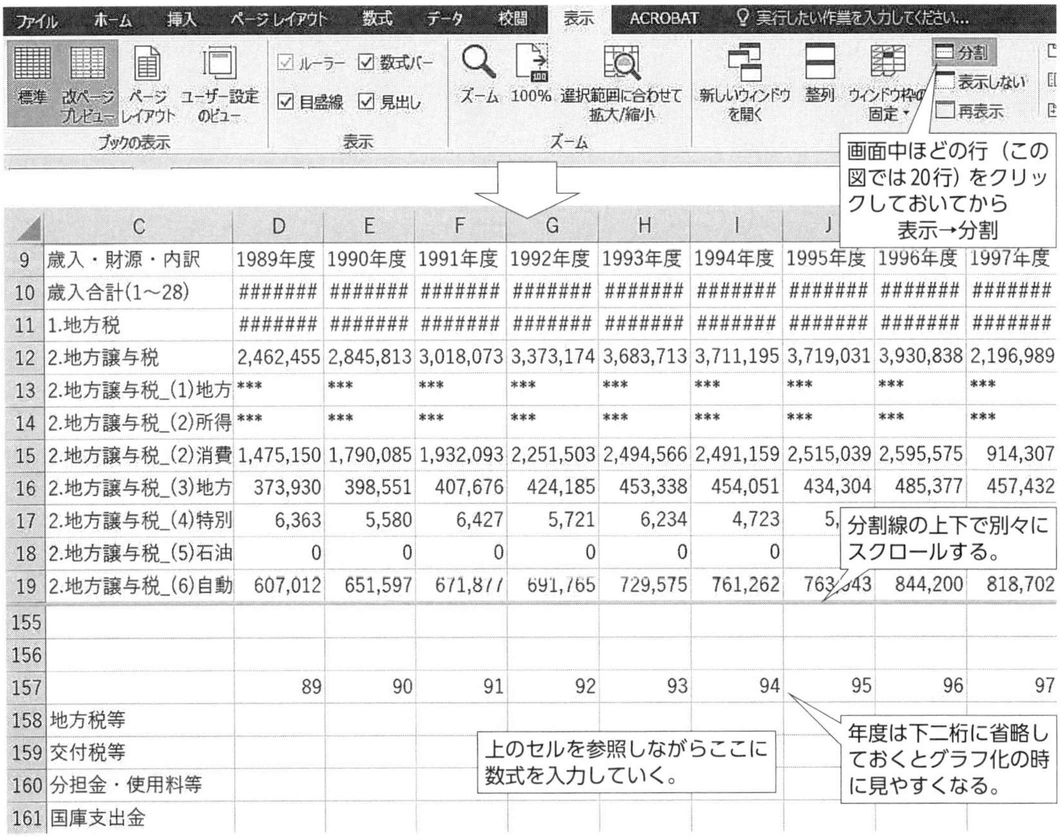

図 2-10 歳入項目のデータ整理

	C	D	E	F	G	H	I	J	K	L
157		89	90	91	92	93	94	95	96	
158	地方税等	=D11+D12+SUM(D21:D28)			地方税＋譲与税＋各種交付金					
159	交付税等	=D29+D38+D42			地方特例交付金＋地方交付税＋交通安全対策特別交付金					
160	分担金・使用料等	=D43+D47+D55			分担金・負担金＋使用料＋手数料					
161	国庫支出金	=D60+D92			国庫支出金＋国有提供施設交付金					
162	県支出金	=D93			都道府県支出金					
163	繰入・繰越	=D122+D123			繰入金＋繰越金					
164	貸付金回収	=D130			諸収入中貸付金元利収入					
165	地方債	=D139			地方債					
166	その他	=D10-SUM(D158:D165)			歳入合計から上記の合計を差し引く					
167										

県税の一定割合を市町村に配分するもので、譲与税とほぼ同様の性格のものととらえてよいだろう。次に「交付税等」(159行)は地方特例交付金と地方交付税および交通安全対策特別交付金の合計額である。地方特例交付金は国の施策に伴う地方の負担増の一部を補償するもので、交付税不交付団体にも配慮したものであるが、一般財源の性格上交付税と同様のものとして括っている。

　分担金及び負担金、使用料、手数料は「分担金・使用料等」(160行)としてひとまとめにしている。「国庫支出金」(161行)には国有提供施設等所在市町村助成交付金を加えている。(都道府)県支出金(162行)、地方債(165行)は元データのままである。その他の歳入項目については自治体によって差があるため、元データをみながら金額の大きい項目を選択する必要がある。繰入金と繰越金は複数年度にまたがる財政運営という趣旨で「繰入・繰越」(163行)として括っているが、自治体によっては繰入金(主に基金取り崩し)が大きいこともあるので、両者を分け、繰越金を「その他」に入れてしまってもかまわない。また、ここで「貸付金回収」(164行)としているのは、諸収入のうち貸付金元利収入の金額を指している。これは自治体が行う貸付事業の回収額を示しており、多くの自治体では「諸収入」の大半を成しているので、この項目のみ別途取り出している。この金額があまり大きくなければ、「諸収入」ごと「その他」に含めてもよい。「その他」(166行)は歳入総額から上記の主な歳入項目の金額を差し引いて算出しているが、「その他」の金額があまりに大きくなるようであれば、元データからしかるべき歳入項目を取り出す必要がある。

　さて、こうしてD列に入力された数式をまとめて右にコピー(フィル)して、全年度の計算をする(33ページのコラム参照)。この計算結果をもとにグラフを作成するが、これについては次章で説明していく。

4　性質別経費の分析

　次に性質別経費のダウンロードとデータ整理を行う。前述の歳入内訳の手順と同様に、14表「性質別経費の状況」のDBを選択する。次画面で「データセット」として一部事務組合分と市町村分が示されるが、ここでは「市町村分」の DB をクリックして次の画面に進む。

ここでは表2-4のように表示項目やレイアウトの設定を行う。「決算財源」の項目選択では、性質別経費それぞれが一般財源・特定財源のどのような内訳で構成されているのかをみることができるが、ここではさしあたり当年度決算額だけを取り出すこととする。レイアウト設定が済んだらファイルをダウンロードし、歳入の時と同様に年度を昇順に並べ替えておく。また、先ほどの「歳入」データをダウンロードした際に保存したファイルにこのシートを統合し、(シート名のところで「移動またはコピー」、移動先Bookを先のファイルとする)シート名を「性質別」と直しておく。

ダウンロードされた性質別のシートは、前述の歳入シートほど行数が多くないが、元データは今後細部を確認するために温存しておくのが便利なので、歳入のときと同様に元データと同じシートの下の方に整理した表を作成する。

図2-11は、年度を昇順に並べ替え、空白列(E列)を削除し、「＊＊＊」を空白セルで置き換えた後、元データの下の方にデータ整理のための表を作成している状況を示している。前述の歳入の表と同様、実際にはこのように入力すると計算結果(参照結果)が表示されるはずである。この図でE列に入力している計算式は、ダウンロードした表の配置によって異なる。図のG列に説明を記しているが、要はE列の当該セルを参照するということを表している。E列の計算式をひととおり入力し終えたら、E40からE47のセルを右方向にコピー(フィル)して、全年度の計算をしておく。

なお、ここでは主要な性質別歳出項目として、人件費、物件費、扶助費、補助費等、公債費、繰出金、投資的経費を取り上げ、これらの合計を「歳出合計」から差し引いて「その他」としている。ただし自治体によっては「投資及び出資金・貸付金」や「積立金」が大きな金額になる場合もあるので、「その他」があまり大きな金額になる場合にはこれらの項目も取り出しておく。

表2-4 性質別経費の設定(14表)

事項名	表示項目	レイアウト
表章項目	全選択	欄外
決算財源	当年度決算額(A)	欄外
性質別経費	全選択	行
団体名(市町村分)	対象自治体	欄外
時間軸(年度次)	全選択	列

図2-11 性質別経費のデータ整理

	D	E	F	G	H	I
39		89	90	91	92	93
40	人件費	=E12		1.人件費(a)		
41	物件費	=E14		2.物件費		
42	扶助費	=E16		4.扶助費		
43	補助費等	=E17		5.補助費等		
44	公債費	=E20		6.公債費		
45	繰出金	=E28		10.繰出金		
46	投資的経費	=E30		12.投資的経費		
47	その他	=E10-SUM(E40:E46)		歳出合計から上記の合計を差し引く		

5　目的別経費の分析

つづいて目的別歳出のデータをダウンロードしたいところだが、地方財政状況調査には「目的別歳出」にあたる表がない。少々手間がかかるが、07表「歳出内訳及び財源内訳」(その1)から13表(その7)までをひとつひとつダウンロードして接合させる作業が必要となる。前述のように、都道府県のデータベースではこれらの表が一つのDBで取り出せるようになっているので、将来的には以下の作業はより簡略化されるものと期待したいが、ここではさしあたり別々のDBからダウンロードする作業として説明しておきたい。

なお、**表2-5**（42ページ）は07表の調査表様式である。この表をみると、横軸に目的別区分（議会費、総務費等）が、縦軸に性質別区分と財源が並んでいることがわかる。つまり07表から13表は、目的別と性質別・財源のクロス関係を示すデータなのだ。これらの表を活用できれば、目的別の中分類について、その性質別内訳や財源の内訳を調べることができる。この活用については第3章で触れよう。

1　レイアウト設定と07表〜13表の接合

まず、07表「歳出内訳及び財源内訳」(その1)の表示項目及びレイアウトの設定は**表2-6**の通りである。

ここでは列に設定する事項が二つある。どちらを上に置くかでダウンロードした表の使い勝手が異なってくるので注意が必要である。ここでは、「歳出合計」と「六　普通建設事業費」とを後で分ける必要があるため、「性質別歳出内訳及び財源内訳」が上

表2-6　歳出内訳及び財源内訳の設定
　　　　（07〜11表）

事項名	表示項目	レイアウト
表章項目	全選択	欄外
歳出目的	全選択	行
性質別歳出内訳及び財源内訳	歳出合計 六　普通建設事業費	列（上）
団体名（市町村分）	対象自治体	欄外
時間軸（年度次）	全選択	列（下）

になるようにレイアウト設定を行う。

「性質別歳出内訳及び財源内訳」で、歳出合計の他に普通建設事業費を選択しておくのは、次のような理由からである。普通建設事業費は年によって大きく変動する歳出項目である。特に財政規模の小さい自治体ほど、たとえば公共施設を新たに建設した場合、当該年度の歳出規模が他年度に比べて著しく大きくなり、他の歳出項目が霞んでしまう。それゆえ、目的別歳出から普通建設事業費を差し引くことで、経常的な歳出の姿をとらえやすくなると考えられる。また、普通建設事業費を別にすることで、どのような分野の建設事業が行われたのかを分析することもできるようになる。

同じレイアウト設定で08表〜13表も同様にダウンロードしていくことになるが、12表は2005年度以降のデータしか公開されていない。12表では災害復旧費・公債費・諸支出金・前年度繰上充用金の性質別・財源内訳が示されているが、ここでは省略しておく。また、13表では「歳出目的」のところで「歳出合計」のみ選択する。こうしてダウンロードしたデータを、**図2-9**のように順次縦につなげていく。すべてつなげると、縦には67行、横には各年度の歳出合計と同じく普通建設事業費が並ぶため、かなり大きな表になるわけである。

2 目的別・普通建設事業費のシートに分ける

さて、すべてのダウンロードができたところで、このシートをこれまでデータを保存してきたファイルに統合し、シート名を「目的別」とする。次いで、新たな空白シートを作り、これを「普通建設事業費」というシート名にする。目的別シートから、普通建設事業費の列を切り取り、新シートにペーストする（貼りつける）が、この時に貼り付ける位置は「目的別」シートとそろえるようにする。図2-12では歳出合計のデータはD列から始まっているので、「普通建設事業費」シートでもD列以降に貼り付けるようにするのである。項目名が並ぶC列もコピーして、普通建設事業費シートのC列にペーストしておく。

この段階で、二つのシートについて、年度を昇順に並べ替え、データのないセル（＊＊＊）を空白に置き換える作業をしておくとよい（前出図2-8参照）。

3 普通建設事業費を除く目的別歳出を計算する

さらにもう一つ新たなシート「普通建設事業費を除く目的別」を作成する。これも、目的別シートと位置をそろえ、項目名や年度を同じ列・行にコピー・ペーストしておく。

その上で、図2-13に示すように、たとえば1989年度の議会費のセル（図ではD13）に、図に示したような式を入力する。！のマークはシート名を意味している。このセルに＝を入力しておいて、「目

図2-12 目的別歳出データのダウンロード

	C	D	E	F	G	H	AE	AF	AG	AH
10		歳出合計					六.普通建設事業費			
11		2.02E+09	2.01E+09	2.01E+09	2.01E+09	2.01E+09	2.02E+09	2.01E+09	2.01E+09	2.01E+09
12		2015年度	2014年度	2013年度	2012年度	2011年度	2015年度	2014年度	2013年度	2012年度
13	一.議会費	957,935	918,347	896,520	939,842	1,013,726	661	4,968	6,940	0
14	二.総務費_総額	######	######	######	######	######	591,520	2,318,356	2,135,551	1,066,896
15	二.総務費_1.総務管理費	8,982,174	######	######	8,634,326	8,219,695	590,030	2,318,356	2,128,862	980,988
16	二.総務費_2.徴税費	1,598,200	1,513,334	1,478,549	1,482,093	1,552,373	0	0	0	28,866
17	二.総務費_3.戸籍・住民基本台	1,053,766	834,053	779,024	876,667	943,582	1,490	0	6,689	57,042
18	二.総務費_4.選挙費	294,202	347,114	230,705	156,543	288,366	0	0	0	0
19	二.総務費_5.統計調査費	249,255	105,297	69,338	71,146	78,635	0	0	0	0
20	二.総務費_6.監査委員費	100,350	99,992	95,177	96,836	101,043	0	0	0	0
53	九.消防費	5,020,826	5,342,939	5,137,570	6,823,134	4,830,358	1,090,987	1,426,601	1,403,465	2,882,946
54	十.教育費_総額	######	######	######	######	######	4,727,457	4,218,637	2,885,796	6,252,666
55	十.教育費_1.教育総務費	2,390,898	2,204,107	2,035,172	1,961,393	1,923,982	17,976	44,472	85,424	16,974
56	十.教育費_2.小学校費	3,906,408	3,712,306	3,924,729	5,908,400	5,207,215	1,937,819	1,672,181	1,601,767	3,718,262
57	十.教育費_3.中学校費	2,808,696	2,262,566	1,540,190	1,860,149	1,970,115	1,604,894	1,014,408	284,328	588,429
58	十.教育費_4.高等学校費	843,694	801,411	761,843	1,029,137	1,816,036	119,921	37,468	34,079	268,276
59	十.教育費_5.特別支援学校費	0	0	0	＊＊＊	＊＊＊	0	0	0	＊＊＊
60	十.教育費_5.特殊学校費	＊＊＊	＊＊＊	＊＊＊	0	0	＊＊＊	＊＊＊	＊＊＊	0
61	十.教育費_6.幼稚園費	0	0	0	0	0	0	0	0	0
62	十.教育費_7.社会教育費	5,123,949	5,416,968	4,660,579	4,895,106	5,589,308	819,395	1,028,836	612,970	822,901
63	十.教育費_8.保健体育費_(1)体	1,354,707	1,451,657	1,428,186	1,541,514	1,782,846	146,384	331,152	179,333	
64	十.教育費_8.保健体育費_(2)学	1,666,650	1,732,596	1,663,862	2,152,590	1,737,552	57,159	62,180	69,3	
65	十.教育費_9.大学費	1,510,371	912,594	907,507	938,310	936,056	23,909	27,940	1 ,569	17,783
66										
67	歳出合計		######	######	######	######	######	######	######	######

07表
11表
12表は省略。一行開けておく。
13表の歳出合計のみ。

図 2-13　シート間の串刺し計算

	C	D	E	F	G	H
12		1989年度	1990年度	1991年度	1992年度	1993年度
13	一.議会費	=目的別!D13-普通建設事業費!D13				
14	二.総務費_総額					
15	二.総務費_1.総務管理費					
16	二.総務費_2.徴税費					
17	二.総務費_3.戸籍・住民基本台帳費					
18	二.総務費_4.選挙費					
19	二.総務費_5.統計調査費					
20	二.総務費_6.監査委員費					
21	三.民生費_総額					
22	三.民生費_1.社会福祉費					

｜歳入｜性質別｜目的別｜普通建設事業費｜普通建設を除く目的別｜

的別」シートのD13をクリックし、−（マイナス）を入力した後「普通建設事業費」シートのD13をクリックし、Enterを押すことでも同じ結果が得られる。これによって「1989年度の普通建設事業費を除く議会費」が計算されたことになる。その後、このセルを全項目・全年度についてコピー（フィル）すれば、普通建設事業費を除く目的別歳出が計算される。

4　データを整理する

歳入のシートでの作業と同様、下の方の行で主要項目を取り出した表を作成する。目的別歳出のなかには、議会費や労働費など年度によってあまり変動がないものや金額がほとんどないものもあるため、これらを省略し、大項目だけを抜き出した表にする。さしあたり、総務費、民生費、衛生費、農水費、商工費、土木費、消防費、教育費を取り出しておけばよい。なお、前述のように、12表には2005年度以降のデータしかないため、ここでは12表を省略した。そのため災害復旧費や公債費が含まれていない。将来的にはこの問題が解消されることに期待したい（「あとがき」参照）。

なお、目的別でいう公債費は性質別での公債費とほぼ同義であるため、目的別分析の方では省略してもよいだろう。

「目的別」シートで主要項目の表を作成したら、これを行ごと「普通建設事業費」「普通建設事業費を除く目的別」シートの同じ位置にコピー・ペーストすれば、それぞれについてのデータ整理もひと手間でできる。

次章ではこの整理後データをもとにグラフを作成し、それを読み取る作業を説明していく。

表2-3 歳入内訳（04表）の調査表レイアウト

団体コード　　０１２３４５　　　　　　　　　　　　　　　　　　　　　　　　　　　歳　　入
表番号　　　　０４

区　　分	行	決算額		区　　分	行	決算額	
1 地　方　税	01		(1)	① 高　等　学　校	01		(31)
2 地　方　譲　与　税			(2)	② 幼　稚　園			(32)
(1) 地方揮発油譲与税			(3)	③ そ　の　他			(33)
(2) 地方道路譲与税			(4)	(2) 保育所使用料			(34)
(3) 特別とん譲与税			(5)	(3) 公営住宅使用料			(35)
(4) 石油ガス譲与税			(6)	(4) そ　の　他			(36)
(5) 自動車重量譲与税			(7)	16 手　数　料			(37)
(6) 航空機燃料譲与税			(8)	(1) 法定受託事務に係るもの			(38)
3 利　子　割　交　付　金			(9)	(2) 自治事務に係るもの			(39)
4 配　当　割　交　付　金			(10)	17 国　庫　支　出　金			(40)
5 株式会社譲渡所得割交付金			(11)	(1) 生活保護費負担金			(41)
6 地　方　消　費　税　交　付　金			(12)	(2) 児童保護費等負担金			(42)
7 ゴルフ場利用税交付金			(13)	(3) 障害者自立支援給付費等負担金			(43)
8 特別地方消費税交付金			(14)	(4) 児童手当等交付金			(44)
9 自動車取得税交付金			(15)	(5) 公立高等学校授業料不徴収交付金			(45)
10 軽油引取税交付金			(16)	(6) 普通建設事業費支出金			(46)
11 地　方　特　例　交　付　金			(17)	(7) 災害復旧事業費支出金			(47)
			(18)	(8) 失業対策事業費支出金			(48)
			(19)	(9) 委　託　金			(49)
12 地　方　交　付　税			(20)	① 普通建設事業			(50)
(1) 普　通　交　付　税			(21)	② 災害復旧事業			(51)
(2) 特　別　交　付　税			(22)	③ そ　の　他			(52)
(3) 震災復興特別交付税			(23)	(10) 財　政　補　給　金			(53)
13 交通安全対策特別交付金			(24)	(11) 社会資本整備総合交付金			(54)
14 分　担　金　及　び　負　担　金			(25)	(12) 特定防衛施設周辺整備調整交付金			(55)
(1) 同級他団体からのもの			(26)	(13) 電源立地地域対策交付金			(56)
(2) 市　町　村　分　担　金			(27)	(14) 地域活性化・地域住民生活等緊急支援交付金			(57)
(3) そ　の　他			(28)	(15) 東日本大震災復興交付金			(58)
15 使　用　料			(29)	(16) そ　の　他			(59)
(1) 授　業　料			(30)	18 国有提供施設等所在市町村助成交付金			(60)

40

第2章 地方財政状況調査データベースの利用方法

平成 27 年度　　5 頁

内　訳　　　　都道府県名　　@都道府県名称
　　　　　　　団　体　名　　@市区町村名称

(単位：千円)

区　分	行	決算額		区　分	行	決算額	
19 都道府県支出金	02		(1)	24 諸　収　入	02		(31)
(1) 国庫財源を伴うもの			(2)	(1) 延滞金加算金及び過料			(32)
① 児童保護費等負担金			(3)	(2) 預　金　利　子			(33)
			(4)	(3) 公営企業貸付金元利収入			(34)
② 障害者自立支援給付金等負担金			(5)	(4) 貸付金元利収入			(35)
③ 児童手当等交付金			(6)	(5) 受託事業収入			(36)
④ 普通建設事業費支出金			(7)	① 同級他団体からのもの			(37)
⑤ 災害復旧事業費支出金			(8)	② 民間からのもの			(38)
⑥ 委　託　金			(9)	(6) 収益事業収入			(39)
(ア) 普通建設事業			(10)	(7) 雑　入			(40)
(イ) 災害復旧事業			(11)	① 一部事務組合配分金			(41)
(ウ) その他			(12)	② 新エネルギー・産業技術総合開発機構からのもの			(42)
⑦ 電源立地地域対策交付金			(13)	③ その他			(43)
⑧ 石油貯蔵施設立地対策等交付金			(14)	25 地　方　債			(44)
⑨ その他			(15)	26 特別区財政調整交付金			(45)
(2) 都道府県費のみのもの			(16)				(46)
① 普通建設事業費支出金			(17)	歳　入　合　計 (1〜26)			(47)
② 災害復旧事業費支出金			(18)				(48)
③ その他			(19)	不　納　欠　損　額			(49)
20 財　産　収　入			(20)	1. 地　方　税			(50)
(1) 財産運用収入			(21)	2. 分担金及び負担金			(51)
(2) 財産売払収入			(22)	3. 使　用　料			(52)
① 土地建物			(23)	参 (1) 授　業　料			(53)
② 立　木　竹			(24)	(2) 保育所使用料			(54)
③ その他			(25)	(3) 公営住宅使用料			(55)
21 寄　附　金			(26)	考 (4) その他			(56)
22 繰　入　金			(27)	4. 手　数　料			(57)
23 繰　越　金			(28)	5. 財　産　収　入			(58)
(1) 純繰越金			(29)	6. 諸　収　入			(59)
(2) 繰越事業費等充当財源繰越金			(30)	7. その他			(60)

41

表 2-5　07 表の調査表レイアウト

団体コード　　０１２３４５
表番号　　　　０７

歳出内訳及び財源内訳（その１）

性質別＼目的別	行	(1) 一、議会費	(2) 総　額	(3) 1. 総務管理費
一　人　　件　　費	01			
うち職員給	02			
二　物　　件　　費	03			
三　維　持　補　修　費	04			
四　扶　　助　　費	05			
五　補　助　費　等	06			
1　国に対するもの	07			
2　都道府県に対するもの	08			
3　同級他団体に対するもの	09			
4　一部事務組合に対するもの	10			
5　その他に対するもの	11			
六　普通建設事業費	12			
1　補　助　事　業　費	13			
2　単　独　事　業　費	14			
3　国直轄事業負担金	15			
4　県営事業負担金	16			
5　同級他団体施行事業負担金	17			
6　受　託　事　業　費	18			
(1)　補　助　事　業　費	19			
(2)　単　独　事　業　費	20			
七　災　害　復　旧　事　業　費				
1　補　助　事　業　費				
2　単　独　事　業　費				
3　県営事業負担金				
4　同級他団体施行事業負担金				
5　受　託　事　業　費				
(1)　補　助　事　業　費				
(2)　単　独　事　業　費				
八　失業対策事業費				
1　補　助　事　業　費				
2　単　独　事　業　費				
九　公　　債　　費				
十　積　　立　　金	21			
十一　投資及び出資金	22			
十二　貸　　付　　金	23			
十三　繰　　出　　金	24			
十四　前年度繰上充用金				
歳　出　合　計	25			
国　庫　支　出　金	26			
都　道　府　県　支　出　金	27			
使　用　料　・　手　数　料	28			
分　担　金・負　担　金・寄　附　金	29			
財　産　収　入	30			
繰　　入　　金	31			
諸　　収　　入	32			
繰　　越　　金	33			
地　　方　　債	34			
一　般　財　源　等	35			
うち投資的経費充当の一般財源等	36			

平成 27 年度 　8～9 頁

都道府県名　　@都道府県名称

団　体　名　　@市区町村名称

（単位：千円）

(4) 2．徴税費	(5) 3．戸籍・住民基本台帳費	(6) 4．選挙費	(7) 5．統計調査費	(8) 6．監査委員費

二、総務費

第3章

グラフの読み取りとさらなる分析方法

1　グラフの作成

　前章での作業を通じて、以下の五つのシートが作成されたことになる。

　①歳入、②性質別、③目的別、④普通建設事業費、⑤普通建設事業費を除く目的別、このうち③を除く各シートの簡略化された表をもとにグラフを作成し、図3-1のように、この四つのグラフが一目で見渡せるように並べてみる。「グラフ」という新たなシートを作り、グラフをこのシートに並べてみるのもよい。

　前章では、1989年以降の全年度のデータをダウンロードすることから説明を始めたが、図3-1では次のような事情から2005年度以降のグラフにとどめている。第一に、1990年代から2000年代前半の自治体財政においては、普通建設事業費が他の時期に比べて著しく増加しているため、この時期までを含めたグラフにしてしまうと、普通建設事業費以外の費目が埋没してしまうという事情である。第二に、全国の自治体の約半数は2005年前後に市町村合併を経ているため、このデータベースで連続した時系列データを得ることができるのは合併後の05年度以降であることが多い。なお、合併自治体の例については第5章で説明する。

　グラフの表現方法については個人の好みもあろうかと思うが、ここでは次のような考え方で示している。まず、経年の変化を示す方法として折れ線グラフや積上げ棒グ

図3-1　基本的な財政データのグラフ化（金沢市の例）

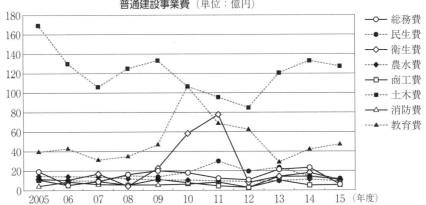

ラフがある。積上げ棒グラフは歳入歳出総額の変化や、歳入歳出内訳の大きな変化を示すのに向いているが、個別の項目の細かな変化を表すには折れ線グラフが適している。また、折れ線グラフでは主要な項目のみを示すことができるが、積上げ棒グラフでは「その他」の項目を含めた総額の表示が必要である。表現の目的とグラフの特性を考え合わせてここではさしあたり折れ線グラフで表現している。また、縦軸の単位であるが、元データが千円単位であることから、軸の書式設定→表示単位で「十万」を選択することで、グラフ上は億円単位で表示される。自治体の財政規模によっては億単位が不適切なこともあるので、適宜工夫されたい。年度の表現については、DBの元データが西暦だということもあるが、そもそも西暦表記の方が明らかに便利であるし、西暦の下二けた表示にすることでグラフもスッキリする。01、02と表示させたい場合は元の表の方で'（ダッシュ）を付けて、'01、'02と入力すればよい。

さらに、エクセルのグラフはそもそもカラーでの表示を基本としているが、モノクロプリンタの場合やコピーを配布する場合を考えると白黒仕様のグラフが望ましいこともある。白黒仕様にするにはひとつひとつのデータ系列を選択して、塗りつぶしのパターンや線の種類、マーカーの種類をひとつひとつ変更していかなくてはならない。ここではその詳細な説明は省略するが、白黒グラフを一度作成したら、そのグラフを

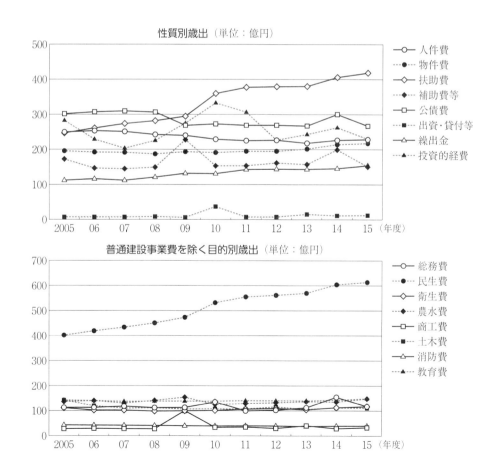

「テンプレートとして保存」し（白黒折れ線グラフ、というような名前をつけて）、次にグラフを作成するときにこのテンプレートを適用すると便利である。

2　全国自治体に共通した動向

さて、四つのグラフをじっくりと見比べてみてほしい。これらを相互に関連づけながら読み取っていくと、いろいろなことがわかってくるはずである。以下は金沢市を例に説明するが、読者はご自分が分析対象とする自治体のグラフをみながら読んでいただいてもよい。

まず注目すべき点は、傾向的に増加している費目、減少している費目、一時的に増加している費目、そしてこれらの動きに関係していそうな歳入項目である。

国の政策によってもたらされた変化は、おおむね各自治体に共通して現れるので、まず以下の点に留意しておいていただきたい。

第一に、2008年度にはリーマンショック対策として国の大型の補正予算が組まれ、また09年度予算でも緊急経済対策が盛り込まれた。このなかで、全住民にひとりあたり1万8000円（65歳以上・18歳未満は2万円）の定額給付金が全額国庫負担で支給された。09年度に目的別での総務費、性質別の補助費が増加しており、歳入では08年度から国庫支出金が増加しているのは、このためである。またこの時期の緊急雇用対策としても国庫支出金が投入されており、自治体によってはこれを積み立ててその後の雇用対策に充当しているところもある。

第二に、「普通建設事業費を除く目的別歳出」における民生費、性質別における扶助費が10年度以降高水準に移行していることである。これは10年度以降の児童手当拡充の影響である。児童手当は民主党政権下で「子ども手当」と名前を変え、一人あたりの給付額を増額した上に所得制限を撤廃した普遍的給付に再編された。その後の自民党政権下で名称は児童手当に戻されたが、一人あたり給付額はほぼ同水準に維持され、所得制限が復活したものの上限所得は高めに設定されたため、10年度に増加した給付総額はその後もほぼ横ばいで推移しているのである。

第三に、すべての自治体に共通して現れているわけではないが、「普通建設事業費を除く目的別歳出」における商工費、性質別における出資・貸付等、そして歳入における貸付金回収（諸収入）の連動がある（図3-1では貸付金回収は省略している）。これは、自治体が地元中小零細企業向けの融資を行っていることを表しており、概ね一定額の貸付金と回収金が釣り合っているが、前述のように国の緊急経済対策によって貸付金が一時的に増加することもある。なお、2002年にペイオフ上限額が設定されたことに伴い、自治体が自ら融資向けの基金を保有することのリスク回避のために、自治体直営の融資事業を廃止し、地元金融機関を通じての融資における保証や利子補給に切り替える動きがみられた。そのためこの頃から貸付金および回収金が急減している自治体も多い。

第四に、合併自治体の場合には、合併初年度あるいはその前後において、歳入における繰入金、性質別歳出における積立金および目的別では総務費が一時的に増加していることがある。これは、合併前自治体が基金を取り崩し、合併後の新自治体で改め

て基金の積みなおしを行っているためである。なお、会計年度の途中での合併の場合、当該年度の決算は合併前自治体の合計で示されている。したがって第5章で後述するように、合併自治体の財政分析を行う場合には、合併前自治体の財政データを合計したものを合併後自治体のデータと接続させることによって合併前後の財政の変化をみることができる。

3 普通建設事業費の内訳とその財源

自治体財政において、年度間の財政構造を大きく変化させるのが普通建設事業費である。そこでまず前出図3－1のうち、性質別、普通建設事業費、歳入の三つのグラフを関連づけながらその変化を読み解いていきたい。

まず性質別のグラフで投資的経費が大きくなっている年に着目する。投資的経費とは普通建設事業費・災害復旧事業費・失業対策事業費の合計であるが、大きな災害に見舞われた年でなければ投資的経費の大半は普通建設事業費である。図3－1の金沢市の事例でみると、2005年度、09～11年度、14年度に投資的経費の増加がみられる。そこで、普通建設事業費のグラフでその内訳をみると、05年度、08～09年度、14～15年度には土木費、10年度には教育費、10～11年度には衛生費の増加が観察される。さらに詳しく調べるには、前章で作成した「普通建設事業費」のシートで、元データをみればよい。金沢市の場合、土木費については05年度に街路費、08～09年度に道路橋梁費、14～15年度に公園費がそれぞれ増加している。教育費についてみると、09～11年度に小学校費、10年度に社会教育費の増加、衛生費では10～11年度に清掃費の増加がそれぞれみられる。これらのことから、当該の年度にそれぞれどのような施設整備が行われたのか、おおよその分野が推測できる。

他方、歳出に関連づけて歳入のグラフもみてみよう。歳入のグラフでは、05年度、09～10年度、14年度にそれぞれ地方債の増加が現れている。普通建設事業費は概ね単独事業と補助事業に区分される。補助事業の場合には国庫支出金および場合によっては県支出金が交付され、その他に地方債や一般財源が充当される。単独事業の場合は事業費の多くを起債で賄うため、当該年度には地方債収入が多くなるのである。従って、これらの年に増加した普通建設事業費を推測してみれば、05年度の街路整備、10年度の社会教育施設の整備、14年度の公園整備あたりが単独事業として実施されたのではないかと推測することができる。これに対して、概して義務教育施設や幹線道路および橋梁等の整備事業は補助事業として実施されることが多い。

さらに詳しく調べたい場合には、地方財政状況調査表DBに戻って、「歳出内訳及び財源内訳」（07～13表）で目的別（中分類）・性質別・財源のクロス関係を調べることができる。たとえば11年度の清掃費を調べてみると、当該年度清掃費の増加要因は補助事業であることがわかり、その財源として国庫支出金と地方債が増加していることが確認できる。おそらく廃棄物処理施設の整備が法律の定める基準に即して実施された補助事業であり、こうした場合には地方債についても後年度元利償還時に交付税措置が行われることが多い。普通建設事業

費の詳しいデータについては、57ページのコラムも参照していただきたい。

このように、決算データだけでも自治体が実施した事業に関してさまざまな推測を行うことができる。ただしこれらはあくまで推測であり、正確を期すにはたとえば各自治体が取りまとめた「公共施設等総合管理計画」等で施設整備の状況を調べてみることをおすすめする。

4　民生費と扶助費の関係

次に、「普通建設事業費を除く目的別歳出」のグラフをみてみよう。ほとんどの自治体では民生費が突出した伸びを示していることが観察されよう。これは、性質別グラフでの扶助費の増加の仕方とよく似ていることがわかる。また、2010年度以降これらがさらに高水準となっていることは、前述の子ども手当・児童手当の拡充のためである。とはいえ、民生費や扶助費の増加傾向は10年度以前から始まっている。

以下では引き続き金沢市を事例にするが、ただし1990年に遡ったグラフを作成した。

まず、前章で作成した「目的別」シートから、民生費の中分類による歳出合計を取り出してグラフを作成してみよう（図3-2）。民生費には、老人福祉、児童福祉、生活保護といった施策分野別の費目と、これ以外の福祉分野や総務的経費を含む社会福祉費、それに災害時の人的・応急的対応を含む災害救助費が含まれている（金沢市では当該期間に災害救助費がほとんどゼロなので、図では省略している）。2000年度の介護保険制度導入以後は介護サービスにかかる経費が特別会計に移行したため、老人福祉費は第三の費目にとどまるようになった。これに代わって顕著な増加を示しているのが児童福祉費であり、10年度の民生費の急増も児童福祉費に関わったものであることがわかる。ただしこの傾向は自治体によって異なる。概していえば、高齢化が進んだ自治体では児童福祉費の伸びは緩やかであり、むしろ老人福祉費の伸びが大きいだろう。

とはいえここでは児童福祉費についてさらに詳しく調べてみよう。前述の「歳出内訳及び財源内訳」のうち08表「歳出内訳及び財源内訳（その2）」を使い、**表3-1**のように表示項目やレイアウトを設定してデータをダウンロードしてみよう。なお、先に述べたように、表をダウンロードしたら年

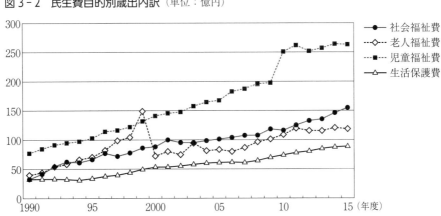

図3-2　民生費目的別歳出内訳（単位：億円）

度の並べ替えを行うこと、またシートをこれまで保存してきたファイルに統合し、適宜シートの名前を変更することをお忘れなく。

ダウンロードした表のうち、「十三．繰出金」までが性質別内訳、「国庫支出金」から下が財源内訳を示している。このデータをもとに作成したグラフが図3-3および図3-4である。

児童福祉費は10年以前から増加を続けており、その内訳でみると性質別では扶助費、財源では一般財源が増加している。こちらの扶助費の主な増加要因は、実は保育所運営費である。少子化傾向の下ではあるが、女性就労率の上昇に伴い、保育所入所へのニーズは高まっており、それを背景に保育所関係費は増加してきている。

ただし、保育所関係費については次のような事情を踏まえる必要がある。公立保育所の場合には、正規職員である保育士の給与は人件費に計上され、保育所での水光熱・物品費や委託費、非常勤職員等への賃金は物件費に計上される。これに対して民

表3-1　08表の表示項目・レイアウト設定

事項名	表示項目	レイアウト
表章項目	金額	欄外
歳出目的	三．民生費 3．児童福祉費	欄外
性質別歳出内訳及び財源内訳	全選択	行
団体名（市町村分）	対象自治体	欄外
時間軸（年度次）	全選択	列

図3-3　児童福祉費性質別歳出内訳（単位：億円）

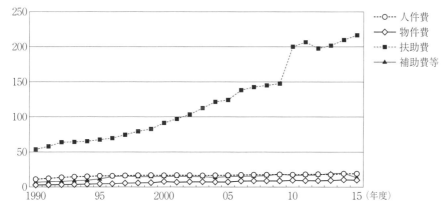

図3-4　児童福祉費財源内訳（単位：億円）

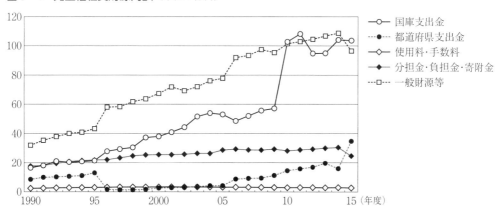

間保育所の場合には、「保育所運営費」としてこれらの経費が一括して自治体から保育所経営主体に給付され、これが扶助費として計上されるのである。したがって、人件費や物件費が横ばいで扶助費が増加しているということは、公立保育所ではなく民間保育所への入所児童数が増加していることを意味する。

いわゆる三位一体改革の下で、04年度には公立保育所への国庫支出金が廃止された。図3-4に示されるように、それまで増加していた国庫支出金が04年には頭打ちになり、2005～06年度に減少しているのはこうした事情による。これにより、自治体は公立保育所の経費を主として一般財源で賄うことになった状況が図からも読み取れるが、他方で民間保育所の運営費に対する国庫負担は維持されている。結果として自治体は公立保育所を廃止して民営化するか、民間の事業主体が確保できなければ正規職員を非正規雇用に置き換えて人件費を節約するかという方向に誘導されることになる。この選択は自治体によって異なるため、ぜひ他の自治体でも同様のグラフを作成してみてほしい。

5 地方債の分析

歳入における地方債と歳出における公債費は、各年度における地方債の起債額と元利償還額というフローを表す金額である。これに対して年度末に将来返済すべき地方債の残高がいくらあるかというストックの金額で把握することも必要である。

そこで次に地方財政状況調査の33表を使って、地方債の現在高の状況を分析してみよう。表3-2のように表示項目やレイア
ウトを設定してデータをダウンロードする。「地方債」の項目選択のとき、「当年度発行額（B）」や「当年度元利償還額_計（D）」を選択すれば、各年度の起債内訳や償還内訳を表示することもできるが、ここではまず現在高を選択してみよう。

表3-2　33表の表示項目・レイアウト設定

事項名	表示項目	レイアウト
表章項目	金額	欄外
地方債	差引現在高（E）＝(A)＋(B)－(C)	欄外
地方債・内訳	全選択	行
団体名(市町村分)	対象自治体	欄外
時間軸(年度次)	全選択	列

ダウンロードしたデータをみてみると、地方債の種類の多さに驚くことだろう。ただし、すべての年度・項目に数字があるわけではなく、国の政策動向によって新設されたものや再編されたものも多い。

さてこれらのデータから、主なもののみ取り出して別途表を作成し、グラフ化してみよう。ただしその前に、1995年度から2000年度までの「合計」欄のデータが欠落しているので、当該年度の「小計」欄の数字をコピーしてペーストしておこう（おそらくデータ処理上のミスであって、追って修正されると思われるので、その際はこの指示は無視していただきたい）。自治体によって地方債の構成は異なるが、概ね図3-5に示したような簡略化で地方債のおおよその動向を把握することができるだろう。まず、教育・福祉・廃棄物処理等の各種公共施設の整備にかかる地方債の多くは、06年に「教育・福祉施設等整備事業債」に統合されている。一部統合されていないものもあるが、ここでは大括りにまとめている。公共事業等債はこれ以外の一般的な補助事

図3-5　地方債データの簡略化

	C	D	E	F	G	H	I	J	K
104		89	90	91	92	93	94	95	96
105	公共事業等	=D16			公共事業等債				
106	教育・福祉施設等	=D19+D30+D37+SUM(D66:D68)			教育・厚生福祉施設・一般廃棄物処理関係				
107	旧合併特例	=D44							
108	その他一般単独	=D38-D44			一般単独事業から旧合併特例を除く				
109	過疎対策	=D63							
110	臨時財政対策	=D93							
111	その他財政対策	=SUM(D81:D92,D95:D98)			減収補てん、減税補てん、財政対策、財源対策等				
112	その他	=D12-SUM(D105:D111)			総額より上記合計を差し引く				

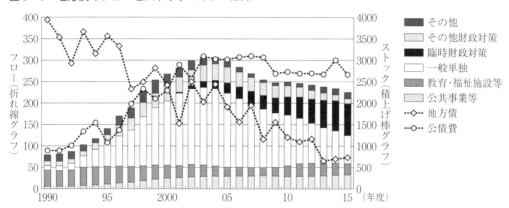

図3-6　地方債のフローとストック（単位：億円）

業に伴う起債である。また、減収補てん債や減税補てん債等の歳入減への配慮から認められる起債については財政対策関係としてひとまとめにしているが、近年急増している臨時財政対策債のみ独立させて項目立てしている。

図3-6は金沢市を例に地方債の状況をグラフ化したものである。同市は合併特例債や過疎対策事業債は起債していない。上記の地方債現在高の構成の上に、歳入シートから地方債、性質別シートから公債費の数値を折れ線グラフで追加している（次のページのコラム参照）。地方債収入が公債費を上回っていた1990年代には地方債残高は増加を続けていたが、2000年頃を境に両者は逆転し、地方債残高は減少傾向にあることがわかる。地方債（残高）の内訳でみれば、1990年代に急増したのは一般単独事業債であり、これが2000年代に入って減少してきた。他方で、臨時財政対策債が01年度以降増加をたどり、15年度には残高の3分の1を占めるに至っている（臨時財政対策債については21ページのコラム参照）。臨時財政対策債の増加は全国自治体に共通した傾向であるが、合併自治体においては旧合併特例債、過疎自治体においては過疎対策事業債も残高の多くを占めているはずである。

これらの分析から、近年の地方債の動向について、次の点を指摘しておきたい。第

組み合わせグラフの作成

図3-6の説明では省略したが、地方債のストック（現在高）とフロー（地方債、公債費）を同時に表すグラフの作成手順を以下に示す。

①図3-5に示した表の下に、地方債収入のデータをコピー・ペーストする。
「歳入」シート（第2章参照）で作成した、歳入項目のデータ整理を行った表（図2-10、35ページ）から、「地方債」の行（図では165行）をコピーする。これを図3-5に示す表の113行目に貼り付けるが、その際に「値のみ貼り付け」を選択する。左図は右クリックで出てくるメニューを示している。

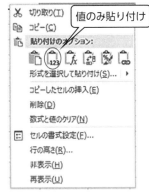

②同じく、「性質別」シート（第2章、表2-4で説明）から、「公債費」の行をコピーし、①で貼り付けた行の下の行に「値のみ貼り付け」する。

③地方債残高内訳と地方債・公債費を含めたデータ（図3-5でいえば、C104～AD114）からグラフを作成する。このときに、グラフの種類のなかから「組み合わせ」を選択する。

④組み合わせグラフを選択すると、右図のようなウィンドウが表示される。ここで、ストックの内訳を表す項目について、グラフの種類を「積上げ縦棒」とし、第2軸にチェックを入れる。フローを表す地方債・公債費については「マーカー付き折れ線」を選択肢、第2軸のチェックは入れない。

⑤棒グラフの塗り分けや折れ線の線種・マーカーを変更したいときは、当該グラフをクリックして右クリック→データ系列の書式設定で。

一に、地方財政法第5条に定められる本来的な地方債、主として公共施設の建設のために発行される地方債は、いまや残高の半分程度にしか過ぎないということである。そして第二に、臨時財政対策債という赤字地方債がますます多くを占めるようになってきているものの、これは交付税の代替財源であり、元利償還時に100％交付税措置がなされることとされている。地方債起債額の全体的縮小傾向とともに、実質的な自治体負担は小さくなってきているのである。

6　積立金の動向

前述のように、全国的な傾向として自治体の起債は縮小傾向にある。その一方で少なからぬ自治体で基金残高の増嵩がみられる。この背景として、次章で述べる財政健全化法の施行の下で公債費や地方債残高の水準が厳しくチェックされるようになったことが挙げられる。自治体側には必要以上に地方債を危険視する風潮が強まり、公共施設整備に際しても地方債発行を避け積立金取り崩しで対処しようとする傾向が現れているのである。

そこで次に、地方財政状況調査DB 29表

を用いて基金のフローとストックを分析してみよう。例によって表3-3のように表示項目やレイアウトを設定し、データをダウンロードする。そして地方債の場合と同様に、ストックの内訳と積立額（歳出決算額）・取崩し額というフローの動向とをグラフにまとめてみよう。なお、基金には積立基金と定額運用基金とがあるが、ここでは積立基金にのみ注目しておく。近年のような低金利の下では定額運用基金はあまりメリットがないためである。

さて、図3-7は金沢市を例として基金の推移を示したものである。バブルの頃には自治体の基金積上げがしばしば批判されたものであるが、その後の景気後退による税収停滞や国の引締め策の下で基金残高は減少してきていた。1999年頃に一時的に基金が増加しているのは全国自治体に共通した傾向で、国の緊急経済対策のなかで配分された国庫支出金を一時的に積立て、翌年度以降に雇用対策等のために取り崩したものである。

他方でここ10年ほどは、基金残高が徐々に積みあがってきているのが窺える。これは自治体によってかなり差があるので、ぜひとも各自治体を比較していただきたい。

自治体によってはバブル期の水準を上回るほどになっており、地方債残高にも迫る水準になっているところもある。その内訳をみると、減債基金は概ね減少傾向にあり、自治体によっては減債基金ゼロというところもある。前述のように、近年地方債の発行額が減少傾向にあることと、地方債の多くが国の交付税措置付きで自治体の実質負担なしと見込まれているという事情による。増加している基金は自治体によって異なるが、財政調整基金やその他目的基金が多い。

財政調整基金は、原発のような大規模施設がある自治体や、大企業が立地している自治体等で典型的であるが、年によって税収の変動が大きいために、税収が増加した

表3-3　29表の表示項目・レイアウト設定

事項名	表示項目	レイアウト
表章項目	基金	欄外
基金・内訳	積立基金合計、 1．財政調整基金 2．減債基金 3．その他特定目的基金	行（下）
基金の管理状況	当年度歳出決算額(B) 取崩し額(C) 当年度末現在高(F)	行（上）
団体名(市町村分)	対象自治体	欄外
時間軸(年度次)	全項目表示	列

図3-7　基金の状況（単位：億円）

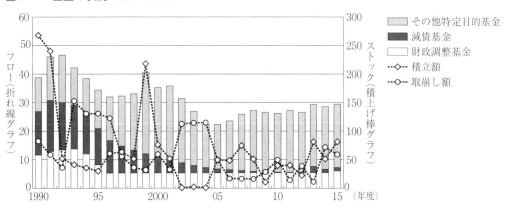

時に積み立てておき、税収減少時にそれを取り崩して使うことが多い。他方、その他特定目的基金は公共施設等の建設に充当することが多く、近年では公共施設やインフラの老朽化による大規模修繕・建て替えに備えて基金を積むという自治体が多い。国が「公共施設等総合管理計画」の策定を指示したことを受け、これらハードの将来的な維持・管理に関して自治体が危機感を募らせていることが背景にはある。しかし、ハード整備は、地方債を財源として後年度に施設利用の便益を受ける世代が償還を担うという、費用負担に関する従来の考え方からすれば、地方債より基金を重視するという財政運営のあり方には首をかしげざるを得ない。

7　人件費と物件費の動向

最後にもう一点、注目しておきたいのが、人件費の動向である。ほとんどの自治体では2000年頃をピークに人件費の減少がみられる。事例に挙げた金沢市では2015年度の人件費は2000年度の83%程度となっているが、さらに大幅な人件費削減をした自治体も多い。その背景には、三位一体改革によって地方財政全体が打撃を受けたこと、財政健全化法の下で個々の自治体で緊縮策が進められたこと、市町村合併が恰好の行財政リストラの契機となったことなどがある。さらには交付税制度で「行革努力」に応じた配分方式が導入されたこともあり、世の中は公務員削減が善であるかのような風潮に塗りつぶされている。前述のように基金が積みあがってきているのは、人件費をせっせと削減して「行革」を推進した結果でもあるといえよう。

だがこの戦略は正しいのだろうか？住民ニーズの多様化、地域の社会経済における問題の複雑化、自然災害への備え等の諸事情を考えたとき、住民生活を支えるべき自治体の役割はさらに重要になってくるはずで、これをより少ない人数の職員で担っていくことには無理が生じてこよう。実際に自治体職員はかつてない多忙化とストレスにさらされている。そこまでして基金を積み上げていく意味があるのだろうかということを改めて考えていただきたい。

その一方で増加傾向を示している費目として物件費がある。物件費は備品や消耗品などの文字通りの物件費だけではなく、委託料や非正規職員への支払いである賃金も含まれている。自治体が人件費を削減するとき、現員では担いきれない業務は民間委託か非正規職員雇用によって代替されるので、結果的に物件費が増加していくことになる。無論、人件費の削減額と物件費の増加額が釣り合っていてはリストラの意味がないので、物件費の上昇傾向は人件費の減少傾向より緩やかではある。

地方財政状況調査の89表は物件費に関するデータである。現時点ではなぜか2004年度以降のデータしか公開されていない。手元にあるそれ以前の地方財政状況調査表をみると、物件費の性質別細目はデータ収集されていたが、その目的別内訳とのクロス関係はデータ収集されていなかった。残念だが03年度以前に遡ることは困難なようだ。

ともあれ、物件費については表3-4、表3-5のような表示項目・レイアウト設定でデータをダウンロードできるので、ぜひ分析してみていただきたい。表3-4では賃金、旅費、交際費、需用費、役務費、備品購入費、委託料といった物件費の細目を調

べることができ、**表3-5**では物件費の目的別（総務費、教育費、衛生費等）内訳をみることができる。両者のクロス関係を調べるには、たとえば**表3-4**の「決算額・内訳」の表示項目で「総務費」等の目的別分類の一項目を選択すればよいだろう。ぜひ試していただきたい。

表3-4　89表の設定（性質別細目）

事項名	表示項目	レイアウト
表章項目	金額	欄外
物件費の内訳	全選択	行
決算額・内訳	決算額	欄外
団体名(市町村分)	対象自治体	欄外
時間軸(年度次)	全選択	列

表3-5　89表の設定（目的別）

事項名	表示項目	レイアウト
表章項目	金額	欄外
物件費の内訳	計（1〜8）	欄外
決算額・内訳	全選択	行
団体名(市町村分)	対象自治体	欄外
時間軸(年度次)	全選択	列

普通建設事業費のより詳しいデータ

　普通建設事業には、補助事業、単独事業、国直轄事業負担金、県営事業負担金、同級他団体施行事業負担金、受託事業といった区分があるが、金額としては補助事業と単独事業が大半なので以下ではこの二つについて説明する。地方財政状況調査DBでは補助事業については21表、単独事業については22表に詳細データがある。

　補助事業とは、直接または間接に国からの補助を受けて実施するものである。それゆえ、国が定める基準に従った仕様を満たす必要があり、予算においても国基準の単価で算定される事業費に対してのみ補助金が交付される。それゆえ、法的な根拠をもつ施設・基盤等の建設、たとえば学校、保育所、廃棄物処理施設、道路、河川、公営住宅などに多い。なお、国基準を超える単価・面積等の分は単独事業扱いとなる。

　これに対して単独事業とは国の補助を受けない事業であり、自治体が文字通り単独で実施するものと、都道府県が独自に補助する事業（都道府県単独補助）とを含む。庁舎や社会教育施設、都市計画事業などに多い。

　下の表は、21表・22表のダウンロードのための表示項目・レイアウト設定である。財源内訳を見たい場合は①を全選択にして行に、②を決算額（A）のみとして欄外にレイアウトする。逆に目的別の内訳を見たい場合は②を全選択として行に、①を決算額（A）のみとして欄外にレイアウトする。補助事業の財源には国庫支出金や補助基本額があるが、単独事業にはこれらがない他は、概ね項目は共通している。

事項名	表示項目	レイアウト
表章項目	金額	欄外
普通建設事業費	①	行／欄外
事業費の目的	②	
団体名(市町村分)	対象自治体	欄外
時間軸(年度次)	全選択	列

　①では事業の財源内訳（国庫支出金、都道府県支出金、分担金・負担金、地方債、一般財源など）と、事業の性格（既存施設の更新、新規整備、用地取得：これらは2014年度分以降のみ）を、②では目的別中分類までの内訳（庁舎、保育所、ごみ処理、道路、小中学校など）を調べることができる。

　長期的な推移をみれば、1990年代から2000年代前半にかけて地方単独事業が増加しており、その内訳は土木事業のみならず農業基盤、商工、社会教育施設等多様に含まれていたことがわかる。また、その財源として地方債が多く発行されていたことがわかる。近年では特に東日本大震災以降に補助事業が増加しており、庁舎や学校などの耐震化が重点的に取り組まれている状況がわかる。

第4章

一般会計と他会計との関係

1 財政健全化判断比率と財政状況資料集

第1章で述べたように、2009年度より財政健全化法が完全施行された。この制度の下で、各種の特別会計や公営企業、一部事務組合・広域連合、自治体出資法人（公社、第三セクター）まで含めた連結的な財政状態をチェックする指標（健全化判断比率）が設けられた。それまで主として一般会計の実質収支比率（健全化法での実質赤字比率とほぼ同義）のみが問題とされていたのに対し、**図4-1**に示すような、一般会計から公営事業会計への繰出をチェックするための連結実質赤字比率、公営事業や一部事務組合等での事業債に対する一般会計からの移転をも含めてチェックするための実質公債費比率、さらに地方公社や第三セクターなど自治体が出資する団体も含めた債務残高をチェックする将来負担比率が定められた。また、公営企業会計についてはそれぞれの会計の収支状況をチェックする資金不足比率が設定された。これにより、特別会計等への繰出を縮小することで一般会計の黒字を確保するというような「赤字隠し」ができなくなり、一般会計・特別会計等を含めた財政運営の健全化が求められるようになったのである。

これらの指標の算出根拠を示すための資料として公開されているのが「財政状況資料集」（**図序-1**参照）である。かなりデータ量の大きいエクセルファイルで公開されており、**表4-1**に示すようなシートから構成されている。この表からわかるように、2004年頃から順次整備されてきた各種のデータ類を統合したものであり、過去に遡って調べたいときには「既存資料との関係」欄にある旧データ名で入手することができる。ただし、自治体によっては過去の資料へのリンクが切れていたり、「財政状況資料集」のサイトに旧資料名の記載がなかったりということはしばしばみられる。

表4-1に示す番号でいうシート3は、一般会計の他に、社会保険関係の特別会計、法適用・法非適用の公営企業、一部事務組合、地方公社・第三セクターの一覧が示され、それぞれの収支状況や一般会計からの

図4-1　健全化判断比率の対象範囲

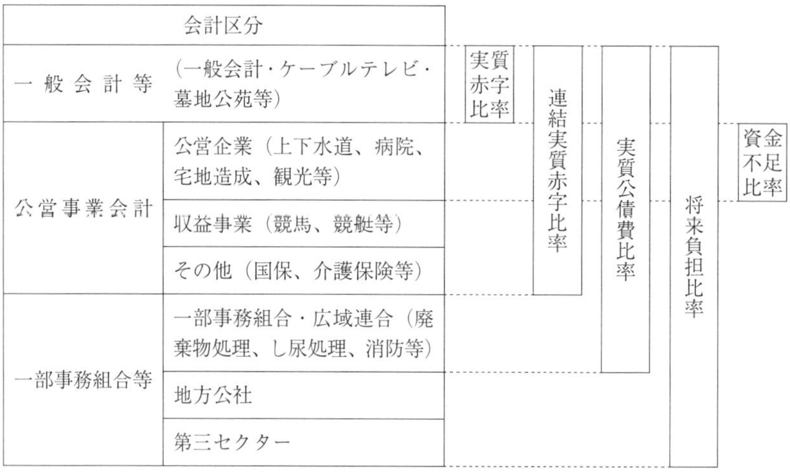

会計区分		実質赤字比率	連結実質赤字比率	実質公債費比率	資金不足比率	将来負担比率
一般会計等	（一般会計・ケーブルテレビ・墓地公苑等）	○	○	○		○
公営事業会計	公営企業（上下水道、病院、宅地造成、観光等）		○	○	○	○
	収益事業（競馬、競艇等）		○	○		○
	その他（国保、介護保険等）		○	○		○
一部事務組合等	一部事務組合・広域連合（廃棄物処理、し尿処理、消防等）			○		○
	地方公社					○
	第三セクター					○

表4-1　財政状況資料集の構成

番号	シート名	既存資料との関係
1	総括表	決算カード
2	普通会計の状況	
3	各会計、関係団体の財政状況及び健全化判断比率	05～09年度「財政状況等一覧表」
4	財政分析比較表	04～09年度「財政分析比較表」06～09年度「歳出比較分析表」
5	経常経費分析表（経常収支比率の分析）	
6	経常経費分析表（人件費・公債費・普通建設事業費の分析）	
7	性質別歳出決算分析表（住民一人当たりのコスト）	
8	目的別歳出決算分析表（住民一人当たりのコスト）	
9	実質収支比率に係る経年分析	07～09「健全化判断比率・資金不足比率カード」
10	連結実質赤字比率に係る赤字・黒字の構成分析	
11	実質公債費比率（分子）の構造	
12	将来負担比率（分子）の構造	
13	公会計指標分析・財政指標組合せ分析表	ほとんどデータ未整備
14	施設類型別ストック情報分析表	

移転（繰入、出資、補助、貸付）、事業債や債務保証等の将来負担などがわかるようになっている。これらの数字は、シート9～12における健全化判断比率の経年変化を示したグラフと一緒にみると、相互の関係がわかりやすいかもしれない。

またシート4～8は、類似団体平均との比較での歳出構造や各種指標を図で示したものである。類似団体とは、「類似団体別市町村財政指数表」（2005年度以降のデータがエクセルでダウンロードできる）で用いられる類型によるもので、市と町村に分けて人口規模と産業構造（第一次、第二次、第三次産業就業者比率）をもとに分類した自治体グループの平均値を意味する。

これら、「財政状況資料集」「類似団体別市町村財政指数表」等も必要に応じて参照されることをおすすめするが、ここではひとまずおいて、地方財政状況調査DBからわかる範囲での一般会計と他会計との関係を分析していきたい。

一般会計と他会計との関係については、地方財政状況調査のデータからもわかることが結構ある。性質別経費でいえば、公営事業会計に対する一般会計からの移転は繰出金、一部事務組合や広域連合に対する移転は補助費（補助費の内訳として一部事務組合に対するものが示されている）、公社や第三セクターに対する移転は出資金ないし補助費として計上されている。また、国民健康保険や介護保険など、自治体が保険者となる社会保険については地方財政状況調査DBにその詳しいデータもある。このように、一般会計から他会計への財政移転については分析に限りがあるとはいえ、地方財政状況調査DBからわかることも少なくない。以下では一般会計からの繰出の全体像をみた上で、国民健康保険事業会計と病院事業会計とを例に分析方法を示していきたい。

2　繰出金の分析

さて、まずは地方財政状況調査DBで繰出金について分析してみよう。ここで使うのは27表「公営企業（法非適）等に対する繰出し等の状況」および28表「公営企業（法適）等に対する繰出し等の状況」である（**表2-1参照**）。公営企業「等」とあるように、地方公営企業だけではなく、収益事業や社会保険関係の特別会計を含み、つまるところ図4-1での「公営事業会計」を対象としている。法適・法非適とは、地方公営企業法の適用を受けるか否かの相違である。電気、ガス、水道、バス事業等が適用事業とされているが、それ以外の事業でも自治体の条例によって同法を適用させることは可能である。法適用となると、会計システムが企業会計方式に移行するため、資産・負債管理を企業的に行うという利便性があるほか、組織としてもある程度の独立性を確保できることになる。ただし、一般会計からの財政移転は国が示す繰入基準に従い、それ以外は独立採算制を目指すことが求められる。公立病院については、法非適用で財務規定のみ適用という形が多かったが、全面的な法適用に転換するところも増えてきている。下水道事業についても法非適から法適に移行するところが多いが、同一自治体内で集落排水等を法非適として維持していることもある。

さて、**表4-2**は公営企業等への繰出（27表、28表）に関するDBの表示項目・レイアウト設定である。この設定でダウンロードしたデータを、これまでと同様に年度昇順に並べ替え、主要な項目を取り出していく。公営企業等は自治体によってかなり相

表4-2　公営企業等に対する繰出金の表示項目・レイアウト設定（27、28表）

事項名	表示項目	レイアウト
表章項目	金額	欄外
繰出・繰入金	繰出（合計）	欄外
法非適（法適）公営企業会計区分	全選択	行
団体名（市町村分）	対象自治体	欄外
時間軸（年度次）	全選択	列

注：27表、28表とも同様に設定し、両表を縦につなげて保存する。

違があるが、ここでは以下のようにデータを整理する。まず「法非適」では、ほとんどの自治体で繰出が多いのは、国民健康保険、介護保険、後期高齢者医療という三つの社会保険関係の特別会計であろう。後期高齢者医療は2008年に導入されたもので、それまでの老人保健医療制度とは異なる制度ではあるが、高齢者向け医療給付の事業としてここでは両者を合算して示す。国民健康保険事業には事業勘定と直診勘定とがあるが、直診勘定は国保病院・国保診療所などの医療機関を自治体が運営している場合に設けられる会計区分で、事業勘定が保険会計の区分である。同様に介護保険事業会計にも介護サービス事業勘定と保険事業勘定とがあり、前者は自治体が直営で介護サービスを提供する場合に設けられる。直診勘定・介護サービス事業勘定への繰出が多くなければ、（保険）事業勘定のみピックアップすればよい。法適用企業については自治体によって状況がかなり異なるので、特に金額が多い、あるいは注目すべき会計をピックアップする。下水道や病院など、時系列の途中で法非適から法適に転換している会計もあるので、この場合は両者を合算してよいだろう。

図4-2、図4-3はこうして整理したデ

第4章　一般会計と他会計との関係

図4-2　金沢市公営事業会計等への繰出金内訳（単位：億円）

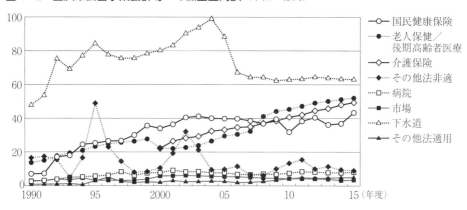

図4-3　珠洲市公営事業会計等への繰出金内訳（単位：億円）

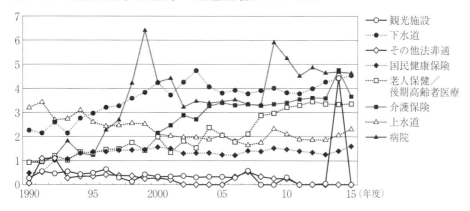

ータをもとにグラフ化したものである。繰出金の状況は自治体によってかなり異なるため、石川県内の市のなかで、中核都市の金沢市と人口減少地域の珠洲市とを事例とした。

両自治体とも、後期高齢者医療や介護保険への繰出の増加傾向がみられる一方、国民健康保険への繰出は1990年代に増加していたが、近年は横ばい状態である。国保については後で改めて検討したい。公営企業関係では、いずれも下水道事業への繰出が多いが、金沢市では法適、珠洲市では法非適である。下水道事業への繰出の多寡には、地理的要因や敷設事業の進捗の相違等も勘案する必要がある。全国的な動向としては、2005年より新地方行革指針に基づく「集中改革プラン」の策定が求められ、その下で地方公営企業についても経営の見直しがなされている。06年度以降の金沢市下水道への繰出の減少は、こうした国の施策と連動するものと推測される。病院への繰出は金沢市では相対的に小さいが、珠洲市ではかなり目立つ動きとなっている。人口減少地域における公立病院の役割を含めてとらえる必要があるため、病院財務の分析方法については後で言及しておきたい。

その他の繰出先では、金沢市の「その他法非適」が1995、2002年に大きくなっていること、珠洲市の観光施設が14年に大きくなっている点が目をひく。このような単年度の変化は概して建設費用に関する繰出であり、前者は市街地再開発事業、後者は宿

泊施設の改築に関するものである。

3　国民健康保険会計の分析

前述のように、社会保険関係の特別会計は繰出金の多くを占めるが、国民健康保険会計への繰出には自治体によって相違が見受けられる。その一方で国民健康保険は2018年度から都道府県単位に移行することとされているが、当面は保険税（自治体によって保険料とも呼ばれる）率の設定は市町村単位で行われることとなっている。現時点での市町村間の歳入構造の相違をみておくことは、都道府県単位化後の国保運営の方向性を占うことにもつながるだろう。したがって、これまでは一つの自治体について時系列的変化を分析するという方法を採ってきたが、ここでは同一年度について自治体間を比較する分析方法を示していきたい。

国保データを自治体間比較するための表示項目・レイアウト設定は**表4-3**の通りである。「団体名」のところでは、たとえば同一県内の全市町村というように、比較したい自治体を複数選択する。複数自治体を選択する方法は、**図2-3**（28ページ）の説明を用いると以下の手順である。同図の手順①で「全解除」とした後、このウィンドウの右端にあるスクロールバーを用いて対象自治体が表示されるあたりまで画面をスクロールさせる。そして対象自治体全ての□にチェックを入れて、OKを押す。表章項目には、国保会計の歳入・歳出や収支等の詳細を示すデータが入っているが、さしあたり全選択のままダウンロードした上で整理すればよいだろう。歳出についてはほとんどが給付金と拠出金であるため、ここでは省略する。

図4-4は、石川県内市町のデータをダウンロードした後、歳入の主要項目を被保険者数で割って一人あたりの金額を求め、それを自治体間で比較したものである。国保の主な財源として、保険税、国・県支出金の他、他の社会保険制度からの移転である前期高齢者交付金、県内自治体の間で拠出しあう共同事業からの交付金、そして一般

表4-3　国民健康保険事業会計決算の表示項目・レイアウト設定（52表）

事項名	表示項目	レイアウト
表章項目	全選択	行
団体名（市町村分）	比較対象自治体	列
時間軸（年度次）	特定年度	欄外

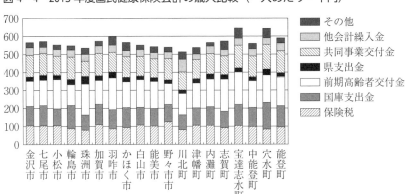

図4-4　2015年度国民健康保険会計の歳入比較（一人あたり・千円）

会計からの繰入金がある。図に現れるように、一人あたり保険税の水準には結構ばらつきがあることがわかる。保険税は自治体の条例によって算定方式が定められるため、所得や資産を課税標準とする応能負担と、世帯あたり・一人あたりに一律に課される応益負担との比率は自治体によって多様であり、税率も異なっている。また、保険税率は当該自治体における医療費給付から各種財政移転を差し引いたものを自治体の繰入と保険税とで賄う形で算定されるため、地域的な医療費の状況や被保険者の構成によっても異なってくる。さらに、保険税収入の多寡はその地域の所得水準や、保険料の納付率の動向にも規定される。

このような地域間の格差を均すために、国庫支出金や県支出金には医療費や所得水準の格差を調整する機能が含まれており、共同事業交付金は県内自治体の拠出によって医療費水準を調整する機能を含んでいる。前期高齢者交付金は、他の公的医療保険との間での調整に基づいて交付される。国民健康保険は他の医療保険よりも被保険者の年齢構成が高く、それゆえに医療費水準が高い一方で保険税を担う所得水準は低いという財政運営上の厳しさを抱えている。そのため、他の医療保険から年齢構成調整的な負担金を徴収し、それを各保険者に対して前期高齢者の人数に応じて配分する仕組みが設けられているのである。このように、都道府県内における財政調整的な機能が盛り込まれているため、医療費や所得の地域差がストレートに保険税水準に跳ね返らない仕組みとなっている。

保険料水準を規定するもう一つの要素は他会計繰入金、すなわち一般会計の繰出金である。自治体によっては保険税負担軽減を目的とした繰入を行っているところもあり、図4-4にはこうした繰入によって明らかに保険税を低くしている自治体の存在も見出される。国はこうした措置に対して批判的であるが、市町村を保険者とする現行制度の上では自治体のポリシーとして認められるべきであろう。

なお、都道府県単位化においてもさしあたりは市町村が保険税水準を決定することとされているが、都道府県によっては保険税統一を図る動きもある。その際、自治体によって医療サービスへのアクセス条件が異なっているにもかかわらず同一の保険税が課されるという不合理も生じてくると考えられ、今後保険税がどのように決定されていくかについては注視する必要がある。

なお国民健康保険については、厚生労働省が管掌する『国民健康保険事業年報』『国民健康保険実態調査』という統計もネット上で公開されている。『事業年報』は、集計されたデータをそのままエクセル形式に変換して公開しているため、データベース化されておらず使い勝手がよくないが、被保険者の内訳や動態、保険税率と課税方法（所得割、資産割、均等割、平等割）ごとの税収、軽減状況等の詳細な情報を得ることができる。またこの統計に含まれる国保財政データは地方財政状況調査表データと同一である。『実態調査』は、全国データとしては被保険者の所得状況や年齢構成等が公開されているが、公開されている保険者単位のデータは被保険者の年齢構成のみである。

4 公営企業会計への繰出の詳細を調べる——病院の例

前述のように、公営企業会計への繰出は自治体によってかなり相違があるが、その事例の一つとしてここでは公立病院に注目しておきたい。特に人口減少地域では、公立病院は住民の生命を守る拠点である一方、第一次医療（かかりつけ医）、第二次医療（地域中核病院）の役割分担を貫徹することができないゆえの困難を抱えている。このような事情を背景に、前出図4-3のように、珠洲市では病院に対する繰出が大きな金額となっている。そこでここでは珠洲市の事例を取り上げて、病院の財務状況に関するさらなる分析について説明していきたい。

表4-4は、先ほど同様の28表を用いての設定であるが、会計区分を病院事業に限

表4-4 病院事業に対する繰出金の表示項目・レイアウト設定（28表）

事項名	表示項目	レイアウト
表章項目	金額	欄外
繰出・繰入金・詳細	繰出合計(A)および(A)の内訳1～6	欄外
法適公営企業会計区分	公営企業会計(8)病院事業	列
団体名（市町村分）	対象自治体	欄外
時間軸（年度次）	全選択	行

定し、繰出金の内訳を示すように設定している。「繰出・繰入金・詳細」の選択項目では、繰出金の区分（負担金、補助金、出資金、貸付金）と使途（事務費、建設費、公債費財源、赤字補てん等）を調べることができる。

図4-5はこうしてダウンロードしたデータをグラフ化したものである。1999年度の運転資金繰入が目立つが、病院のホームページで調べてみると翌年度からの介護保険導入に際して介護療養型医療施設の申請を行っていることから、当該部門の運転資金であろうと推測される。2009年度の増加要因は建設費であり、それ以外はおおむね事務費と公債費財源繰入となっている。同病院は法非適（財務のみ適用）公営企業であるため、一般会計からの繰入が柔軟に対応されているのかもしれない。赤字補てん繰入は一貫してゼロであるが、事務費繰入や事業債償還繰入が09年度以降高水準になっており、これらの繰入を通じて病院事業の収支を支えているのではないかと思われる。

病院の財務についてさらに詳しく調べたい場合は、「地方公営企業年鑑」（http://www.soumu.go.jp/main_sosiki/c-zaisei/kouei_kessan.html）を参照されたい。この年鑑は病院だけでなく、下水道、観光事業、

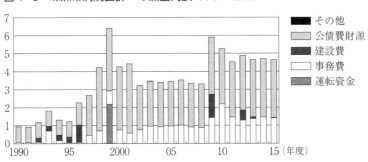

図4-5 珠洲市病院会計への繰出内訳（単位：億円）

交通事業等の各種公営企業の全国統計の他、各自治体における公営企業の個票データも含んでいる。06年度以降分についてインターネット上で公開されており、データベース化されていないのが惜しまれるが、各年度のデータを並べていけば時系列的な分析ができる。公営企業は公会計ではなく企業会計の財務形態をとっており、損益計算書、貸借対照表、資本収支などの財務諸表については、自治体財政分析に慣れた方にはややとっつきにくいかもしれないが、一度のぞいてみていただきたい。

図4-6　地方公営企業年鑑　病院事業の個表

2．個表

表の見方（Excelファイル　33KB）
(1)　施設及び業務概況に関する調1（Excelファイル　321KB）
(1)　施設及び業務概況に関する調2（Excelファイル　825KB）
(2)　損益計算書1（Excelファイル　321KB）
(2)　損益計算書2（Excelファイル　825KB）
(3)　貸借対照表及び財務分析1（Excelファイル　132KB）
(3)　貸借対照表及び財務分析2（Excelファイル　747KB）
(4)　資本収支に関する調1（Excelファイル　333KB）
(4)　資本収支に関する調2（Excelファイル　827KB）
(5)　費用構成表（比率）及び医業収益に対する費用比率1（Excelファイル　333KB）
(5)　費用構成表（比率）及び医業収益に対する費用比率2（Excelファイル　827KB）
(6)　経営分析に関する調1（Excelファイル　295KB）
(6)　経営分析に関する調2（Excelファイル　701KB）
(7)　職種別給与に関する調1（Excelファイル　254KB）
(7)　職種別給与に関する調2（Excelファイル　611KB）

図4-7　個票データ

E	F	G	H	I	J	K	L
			03	04	05	06	07
算書							
益			3,835,519	3,824,200	3,875,492	3,621,942	3,813,226
医業収益			3,576,190	3,574,159	3,635,506	3,382,250	3,576,195
	ア．入院収益		1,711,366	1,677,485	1,697,122	1,432,417	1,596,295
	イ．外来収益		1,728,924	1,770,415	1,814,667	1,830,031	1,864,149
	ウ．その他医業収益		135,900	126,259	123,717	119,802	115,751
	うち						
		(ア)他会計	43,822	37,522	41,048	42,104	37,161
		(イ)室料差	32,924	29,448	30,886	28,557	31,677
医業外収益			259,125	248,742	239,873	239,369	236,888
	ア．受取利息配当金		315	239	346	701	2,834
	イ．看護学院収益						
	ウ．国庫補助金		10,451	8,644	4,757	4,679	5,893
	エ．都道府県補助金		16,372	13,491	14,404	14,617	15,216
	オ．他会計補助金		51,891	52,507	51,595	54,033	51,180
	カ．他会計負担金		142,734	137,890	135,015	131,313	123,312
	キ．長期前受金戻入						
	ク．資本費繰入収益						
	ケ．その他医業外収益		37,362	35,971	33,756	34,026	38,453
特別利益			204	1,299	113	323	143
	うち						
		うち他会計繰入金	-	-	-	-	-
		固定資産売却益	-	-	-	-	-
用			3,895,785	3,932,859	3,975,144	3,936,593	3,915,459
医業費用			3,552,896	3,589,030	3,621,066	3,591,933	3,619,708
	ア．職員給与費		1,492,163	1,515,589	1,488,361	1,504,642	1,480,009
	イ．材料費		1,262,220	1,277,706	1,296,125	1,248,512	1,252,574

さて、自治体病院の個票データをみるには、前述のサイトから選択した年度の年鑑の目次に進み、「第2編　統計資料」から「6. 病院事業」を選択する。図4-6はその先のページの下部にある「個表」の目次である。各項目で1とあるのは都道府県立の病院、2が市町村立あるいは事務組合立の病院のデータである。(1)と(2)、(4)と(5)は両項目が一つのファイルにまとめられているので、いずれを選択してもよい。病院財政分析の手始めとしては、「(1) 施設および業務概況に関する調2」で損益計算書をダウンロードし、病院の収益構造や費用構成を調べてみるのがよいだろう。ここではこれ以上詳細には立ち入らないが、たとえば図4-7のように、各年度のデータを横に並べていき、収益や費用の推移をグラフ化してみることから始められたい。

なお、公営事業に関しては全国的傾向として近年経営形態の転換が進んでおり、たとえば公立病院であっても自治体によって法非適用、法適用、地方独立行政法人、指定管理等のさまざまな形態がある。注意が必要なのは、独立行政法人や指定管理に移行した場合、「公営企業」年鑑の把握対象外となってしまうことである。つまり自治体財政の側からすれば、これらの独立した経営体に業務を移管ないし委託することになるので、一般会計の側では補助費（運営費交付金）あるいは物件費（委託費）という費目で計上されるにとどまる。そしてこれらの移転財源が当該経営体においてどのように使われたかについては年鑑の追跡は及ばないのである。

第5章

合併自治体の財政分析

1　合併自治体の分析目的とデータのダウンロード

　旧合併特例法（2005年3月失効）の下で、市町村合併が推進されてから10年以上過ぎた。同法に基づく合併特例債は5年の延長期間を経て終了に向かっており、交付税算定替特例によって優遇されてきた交付税算定は一本算定に向けて段階的に解消される時期に至っている。自治体の財政的持続可能性に危機感を抱えつつ市町村合併を決断したところが多かったと思われるが、現在の段階で改めて合併の財政的帰結について検証してみる意味はある。

　分析の目的は多々あり得ると思うが、ここでは主に合併前後の歳入、性質別歳出、地方債の動向に着目する。たとえば、合併への決断に至るまでの合併前自治体の財政状況と交付税削減の影響、合併後にあっては交付税算定替特例の終了時期をにらんでの経費削減——特に公共施設の整理統合や人件費削減——、合併特例債の活用状況や過疎自治体を含む合併の場合には合併後の過疎債の活用状況、といった点が合併自治体の場合には焦点となろう。これらの分析を通じて、合併前自治体が抱えていた問題、旧合併特例法による各種特例措置の作用、合併後自治体の財政構造の動向などをみていきたい。

　地方財政状況調査DBを用いて合併自治体の財政分析を行うには、やや手間のかかる作業が必要となるが、かつてのように決算カードから入力することを思えば格段に容易になっている。以下の手順にしたがって、ぜひとも挑戦してみていただきたい。ここでは、石川県内最大の合併事例として

表5-1　歳入内訳（04表）の設定

事項名	表示項目	レイアウト
表章項目	歳入額	欄外
歳入・財源・内訳	全選択（参考は除いてもよい）	行（下）
団体名(市町村分)	合併構成自治体と合併後自治体	行（上）
時間軸(年度次)	全選択	列

白山市の事例を用いている。同市は2005年2月1日に1市2町5村（松任市、美川町、鶴来町、河内村、吉野谷村、鳥越村、尾口村、白峰村）が合併して誕生した、750km^{2}という広い面積の自治体である。合併は2004年の会計年度途中であるため、04年度決算から白山市としてのデータが始まっている。

　さて、まず歳入データのダウンロードから始めよう。第2章で説明したように、04表を用いて**表5-1**のように表示項目・レイアウト設定を行う。非合併自治体の場合との相違は、「団体名」欄で合併構成自治体と合併後自治体とをすべて選択することである。合併前後で自治体名が変わらない場合には、その自治体のところに合併前後で連続したデータが入力されている。白山市の場合には中心市であった松任市も自治体名を存続させていないので、合併前の8自治体と合併後の白山市の9自治体分をここで選択する必要がある。「団体名」の選択画面（28ページ**図2-3**参照）では、まず「全解除」を押した上で団体名をスクロールさせ、対象自治体を選んで□にチェックを入れていく。合併構成自治体数が少なければ、「全解除」後に検索窓に一つ一つ自治体名を入力して検索しチェックを入れるという方法もある。

　その他の選択項目はこれまでの説明通り

図5-1 ダウンロード後のデータの状況

	B	C	D	E	Q	R	S	T	U
9	団体名(市	歳入・財源	1989年度	1990年度	2002年度	2003年度	2004年度	2005年度	2006年度
10	松任市	歳入合計(	######	######	######	######			
11	松任市	1.地方税	6,075,159	6,556,506	9,722,712	9,503,233			
12	松任市	2.地方譲与	335,692	367,718	256,922	271,232			
140	松任市	27.特別区	0	0	0	0			
141	松任市	28.一般財源等							
142	松任市	28.一般財源等_うち震災復興特別交付税							
143	白山市	歳入合計(1~28)					######	######	######
144	白山市	1.地方税					######	######	######
145	白山市	2.地方譲与税					700,753	885,158	1,423,499
146	白山市	2.地方譲与税_(1)地方揮発油譲与税							
274	白山市	28.一般財源等							
275	白山市	28.一般財源等_うち震災復興特別交付税							
276	美川町	歳入合計(	4,352,802	4,295,143	6,072,432	5,226,805			
277	美川町	1.地方税	1,073,428	1,135,020	1,299,218	1,258,455			
278	美川町	2.地方譲与	84,578	90,277	48,724	51,061			

注:データのないセル(***)を空白で置換し、空白列(D列)削除後、年度を昇順に並べ替えた後の状況。一部の行・列を非表示にしてある。

であるが、「歳入・財源・内訳」の項目選択画面では作業を少しでも容易にするため、「(参考)不納欠損額」以下のチェックを外せばよいだろう。

こうしてダウンロードした表はかなり縦長のものとなり、この場合では1206行にも達する。下までスクロールしてみると、合併前自治体のデータは合併年度以降には「***」で表示されていること、また合併後自治体は当然のことながら合併年度以降にデータがあり、それ以前は同じく「***」が表示されていることがわかる。このままでは作業しにくいので、2章で説明したように、この「***」を空白に置き換え、年度を昇順に並べ替えておこう。図5-1はこの段階の作業状況を示したものである。03年度までのところに合併前自治体（松任市、美川町等）、04年度以降に合併後自治体（白山市）のデータがある状況がわかる。さしあたりこのファイルを「白山市歳入」としてExcel Book形式で保存しておこう。

2 データ整理の手順

以下では、この縦長の表を自治体単位のシートに分ける作業と、合併前自治体のデータを合算して合併後自治体に接続させる作業の手順を説明していく。なお、ダウンロードしたシートの1~8行（ヘッダの部分、統計名や表番号が記されている行）、A~B列（表章項目や団体名が記されている列）は不要なので消してもよいが、データベースの名称や表の表題・単位等の出典情

図5-2 データ移動の完了

	表章項目	団体名(市	歳入・財源	1989年度	1990年度	1991年度	1992年度	1993年度	1994
9									
10	歳入額	【ヲ白峰村	歳入合計(	2,443,608	1,864,692	2,391,881	2,701,912	2,432,621	2,25
11	歳入額	【ヲ白峰村	1.地方税	205,699	190,086	197,442	190,777	193,211	18
12	歳入額	【ヲ白峰村	2.地方譲与	15,847	17,455	17,972	19,011	20,259	2
13	歳入額	【ヲ白峰村	2.地方譲与税_(1)地方揮発油譲与税						
14	歳入額	【ヲ白峰村	2.地方譲与税_(2)所得譲与税						
15	歳入額	【ヲ白峰村	2.地方譲与	4,854	5,857	6,176	6,951	7,701	
16	歳入額	【ヲ白峰村	2.地方譲与	4,190	4,401	4,454	4,584	4,812	
17	歳入額	【ヲ白峰村	2.地方譲与	0	0	0	0	0	
18	歳入額	【ヲ白峰村	2.地方譲与	0	0	0	0	0	
19	歳入額	【ヲ白峰村	2.地方譲与	6,803	7,197	7,342	7,476	7,746	
20	歳入額	【ヲ白峰村	2.地方譲与	0	0	0	0	0	
21	歳入額	【ヲ白峰村	4.利子割交	3,238	6,801	6,648	4,160	4,514	
22	歳入額	【ヲ白峰村	5.配当割交付金						

| 白山市 | 松任市 | 美川町 | 鶴来町 | 河内村 | 吉野谷村 | 鳥越村 | 尾口村 | 白峰村 |

報もあるのでここではあえてそのままにしておく。

1 自治体別のシートを作る

まず、保存したファイル（Book）に新しいシートを挿入する（第2章図2-6参照）。このシートに、ダウンロードしたシートと同じ位置になるように年度の行（図5-1では9行目）をコピー・ペーストしておく。

さて、年度のみ記入されたシートを、あと7シート作成する。つまり、合併前自治体数に合併後自治体分を加えた数だけのシートができる。新シート（Sheet1）のシート名のところで右クリックし、「シートの移動またはコピー」を選択し、そこで開いたウィンドウのところで「コピーを作成する」にチェックマークを入れてOKを押す。この手順を繰り返して、必要枚数のシートを作成した上で、それぞれのシート名を新旧の各自治体名に変更する。表に出てくる自治体の順番でシート名をつけていくと作業にミスがないだろう。

2 各自治体シートへのデータの移動

元のシートから、各自治体分のデータを行単位で切り取り、すでに入力されている年度の行の下に貼り付けていく。一つの自治体分の行が130行ほどあるので、スクロール時に行き過ぎないように気をつけてほしい。

図5-2がデータ移動後の完成形である。各シートを見たときに、同じ位置のセルに同じ年度・項目がそろっていることを確認の上、ひとまず上書き保存を忘れずに。

なお、シートの順番は自由に変えられる。合併後の白山市が先頭シートに来た方がよければ、同シートのシート名のあたりをつまんで動かしたい方向にドラッグすればシートの順序が変更できる。

図5-3 合併前自治体の合算

	C	D	E	F	G	H	I	J	K	L	M	N
9	歳入・財源・内訳	1989年度	1990年度	1991年度	1992年度	1993年度	1994年度	1995年度	1996年度	1997年度	1998年度	1999年度
10	歳入合計(1〜28)	=松任市!D10+美川町!D10+鶴来町!D10+河内村!D10+'吉野谷村 '!D10+鳥越村!D10+尾口村!D10+白峰村!D10										
11	1.地方税											
12	2.地方譲与税											
13	2.地方譲与税_(1)地方揮発油譲与税											

図5-4 データの整理

	C	D	E	F	G	H	I	J	K	L
146		89	90	91	92	93	94	95	96	
147	地方税等	=D11+D12+SUM(D21:D28)			地方税、譲与税、各種交付金合計					
148	交付税等	=D29+D38+D42			地方特例交付金+地方交付税+交通安全対策特別交付金					
149	国庫支出金	=D60+D92			国庫支出金+国有提供施設交付金					
150	県支出金	=D93			都道府県支出金					
151	負担金等	=D43+D47+D55			負担金・分担金+使用料+手数料					
152	繰入・繰越	=D122+D123			繰入金+繰越金					
153	貸付金回収	=D130			諸収入のうち貸付金元利収入					
154	地方債	=D139			地方債					
155	その他	=D10-SUM(D147:D154)			歳入合計から上記の合計を差し引く					

3 合併前自治体データの合算

次に、合併後自治体である白山市のシートで、合併前自治体のデータを合算する。この作業により、合併前後の歳入や歳出の変化を連続的に表すことができるためだ。図5-3に示すように、白山市の1989年度歳入合計欄（D10のセル）に、合併前8自治体各シートの同じ位置（D10）にある数値を合計する数式を入力する。最初に＝を入力し、その後合計したいシートのセルをクリックして＋を入力し、次のシートのセルをクリック、という作業を繰り返していくと、このような数式が入力される。最後にEnterを押せば計算結果が表示される。数式バーで計算式を確認すれば、各シートの同一位置のセルが合計されていることが確認できるだろう。

その後、このD10のセルを白山市データの空白部分（この場合はR142のセルまで）ドラッグしてやれば、歳入項目すべてについて合併前自治体の合計が表示される。

4 データの整理

こうして白山市のシートは、合併前自治体の合算と合併後の決算額とが接続された形になる。このままでは分析しにくいので、第2章で行ったように歳入データの整理を行う（図5-4）。この作業は分析対象自治体の特徴をみながら適宜変更していただきたいが、ここでは第2章と同じ歳入項目でまとめている。ただし、ダウンロードした表の行数が異なるので、数式のなかのセル指定が異なっているだけである。

5 性質別経費

性質別経費についても同様に、地方財政状況調査DBの14表をダウンロードする。この手順は上記歳入に関する手順と全く同じなので以下、箇条書きで手順を示す。①表5-2のレイアウト設定で合併前後全自治

表5-2 性質別歳出の表示項目・レイアウト設定（14表）

事項名	表示項目	表示位置
表章項目	全選択	欄外
決算財源	当年度決算額(A)	欄外
経費	全選択	行
団体名（市町村分）	合併構成自治体と合併後自治体	欄外
時間軸（年度次）	全選択	列

体のデータを一つのファイルとしてダウンロードする。②この大きな表を自治体ごとのシート（シート名を自治体名に変更）に分けて、各シートの同じ位置に各自治体のデータが来るように項目名・年度を配置する。③合併後自治体のシートのデータ空白部分（合併前年度の部分）について、合併前自治体の合計額を計算する。④このシートの下方に、主な歳出項目を抜き出した簡略版の表を作成する。

シート数が多い作業なので、先に作成した歳入のファイルとは別にし、こちらはたとえば「白山市性質別」という Book 名で保存したらよいだろう。

こうしてデータの整理までできれば、合併前後自治体の歳入と性質別歳出の年次推移のグラフができる。次にこのグラフの読み取りを説明していく。

3 歳入グラフの読み取り

さて、以下ではこうして作成したグラフからどんなことが読み取れるのかを考えていく。なお、以下では前述の手順で作成した合併前後の合計額のグラフをもとに説明していくが、ダウンロードしたファイルから、たとえばこの事例でいえば山麓部5村のデータを別に取り出すというようなことも可能である。いわば吸収合併された小規模自治体の財政は、すべてを合計額で示してしまうとどうしても埋没してしまいがちであり、合併前に小規模自治体が抱えていた財政上の特性や課題がみえなくなってしまうため、必要に応じてこのような部分的な分析も試みていただきたい。

さて、まず歳入からみていきたい。図5-5では、合併前後を通じて白山市の税収が、景気による一時的な変化はあるものの順調に増加しているようにみえる。しかしその内訳を元データでみてみると（ここでは示していないが）、概して山麓部5村では税収は減少の一途をたどっており、歳入の多くを地方交付税に頼っていたことがわか

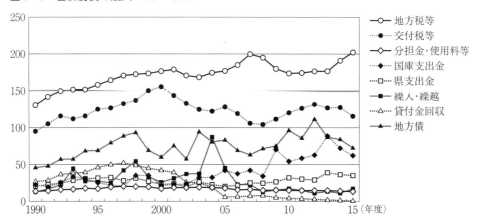

図5-5 合併前後の歳入（単位：億円）

る。地方交付税は2001年度以降急速な減少をみせており、2000年度から07年度の間に50億円近い減少がみられる。元データでみると、5村の交付税合計額は03年度には00年度の4分の3にまで落ち込んでいる。この交付税削減は段階補正と呼ばれる小規模自治体への配慮分を中心に削減したものであったため、まさに山麓部5村はこれによって大きなダメージを受け、財政の持続可能性に危機感を抱いたことだろう。

合併後の交付税についていえば、合併直後もなおしばらくは交付税の減少が続いていたことがわかる。旧合併特例法は合併算定替特例として、合併後の交付税交付額の維持をうたっていたが、同時に進行したいわゆる三位一体改革のなかで交付税の全般的削減が行われたため、08年度まで減少が続いている。その後、国の政策転換もあって交付税は増加に転じ、1990年代半ばの水準を回復したものの、2015年度からは合併算定替特例の終了と激変緩和措置への移行により、5年先の一本算定に向けて減少が始まっている。

次に注目するのは地方債である。1990年代の地方債増加は他の自治体にもみられる現象であり、国による地方単独事業推進策を受けての単独事業債が主要因である。2000年代にはいったん減少するが、合併後には再び高水準の起債がみられる。この時期の地方債については、旧合併特例債によるものの他、交付税の代替財源としての臨時財政対策債も含まれていると考えられ、これらについてもより詳しい分析が必要である（後述）。

歳入面でその他に目立った動きのあるものとしては、繰入・繰越がある。これは合併自治体にはよくみられることで、合併初年度に合併前自治体の基金をいったん取り崩し、新自治体で積みなおすという手続きによるためであるが、その場合には同年度あるいは翌年度に性質別歳出で積立金がほぼ同額計上されるはずである。しかし図5-6をみると、これに該当するような積立金の増加がみられず、他に関係しそうなものとしては投資的経費の増加くらいである。したがってここでは、基金を取り崩したものを何らかの建設事業に充当したと考えるべきであろう。

なお、歳入面での「貸付金回収」と性質別歳出での「投資・出資・貸付金」が05年度以降大きく減少している。これは、第3章で触れたように、主に商工部門での自治

図5-6 合併前後の性質別歳出（単位：億円）

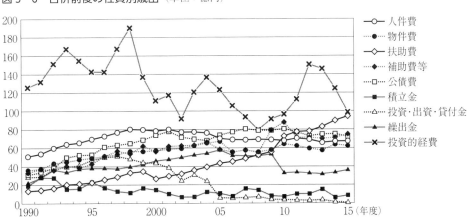

図5-7　白山市分野別人件費の推移（単位：億円）

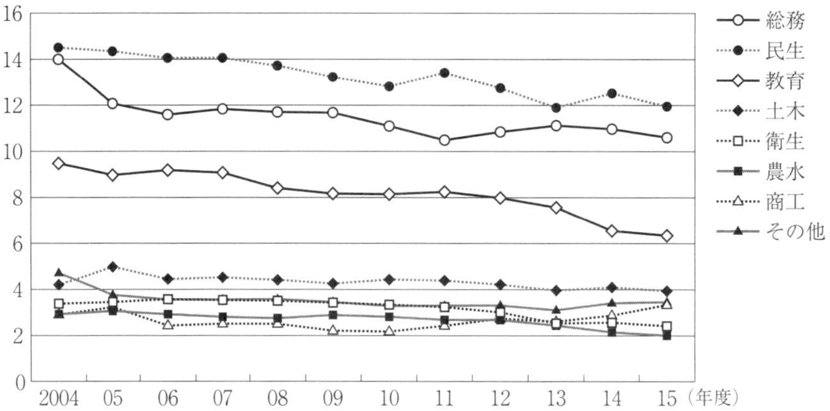

体融資業務を直営から民間金融機関経由に転換したことに伴うもので、合併とは直接関係のない動きである。

4　歳出グラフの読み取りと詳細データ

次に性質別経費の推移をみてみよう（図5-6）。まず、投資的経費についてだが、そもそも全国的には1990年代に大きく膨張し、2000年代には収束に向かった傾向がある一方、合併自治体においては合併特例債を活用した建設事業が、合併から10年間（東日本大震災後さらに5年間延長された）の終期までの間に増加しているところが多い。白山市でも合併直後および2012〜13年度頃に大きな建設事業が実施されている。具体的にどのような事業が行われたのかについては、普通建設事業費の目的別内訳を調べる（第2章参照）ことで見当をつけることができる。合併特例債の使途として多くみられるのは、公立の小中学校や保育園等を統合しての新築、ケーブルテレビ等ブロードバンド環境の整備、各地域拠点施設の建設等であるが、従来の単独事業に類した建設事業に充当している場合もある。

合併後の歳出においては、交付税一本算定による歳入減を見越しての経費削減がみられる。グラフから読み取れるのは、人件費、物件費、繰出金といった費目の削減傾向である。人件費の減少傾向は合併・非合併問わず進められる職員削減の状況を反映しているが、合併自治体の場合には特にその配置状況に留意する必要がある。地方財政状況調査DBには職員数を表すものはないが、16表「職員給の状況」では分野別（目的別）の人件費を調べることができる。図5-7は16表から作成したグラフだが、民生や教育の分野で人件費が大きく削減されていることがわかる。民生費分野は、保育所や老人福祉施設等、教育費分野は公民館、図書館、文化施設、体育施設等の社会教育施設配置の職員を含んでおり（ちなみに政令市を除く市町村立小中学校の教職員人件費は県の負担である）、これらの公共施設において職員削減や非正規雇用への切り替え、あるいは施設の民間委託化、施設統廃合が進められたことが推測される。教育費関係では、合併後しばらく支所単位に置かれていた教育委員会の分室が統廃合されたことも理由の一つだろう。

そこで、公共施設の状況を調べるために、

46表「施設の管理費等の状況」をみてみよう。この表では各種公共施設の管理にかかる所要経費の内訳（人件費、物件費等）とその財源をみることができるが、年度によってデータがなかったりする項目が多々ある。たとえば職員数や管理委託状況等のデータは2007年度までで終了しており、それ以降はデータなし（＊＊＊）となっている。施設区分についても、レイアウト設定画面では多くの施設名が表れるが、たとえば体育館・陸上競技場・野球場は08年度まで、学校給食施設については09年度でデータが終了しており、支所・出張所は11年度以前のデータがない。そこで、**表5-3**のレイアウト設定にしたがって、まずはすべての施設に関して年間所要経常経費合計額をダウンロードしてみて、継続的にデータが得られるもののみをピックアップしてその年次変化をとらえるしかない。こうした限界を含みつつ、合併後白山市における施設等管理費データをまとめたものが**図5-8**である。保育所管理費が大きく減少し、15年度では合併直後の04年度の半分以下の水準となっている。他の公共施設に比べて特に保育所の統廃合、民営化が重点的に進められた状況が窺われる。

また、繰出金の減少については27表・28表をもとにその原因を調べることができる（第4章参照）。白山市では10年度に繰出金の急減がみられたが、この内訳を調べたのが**図5-9**である。これによると、観光施設に対する繰出金が2010、13年度の二段階で削減され、近年ではごくわずかな金額にとどまるようになっていることがわかる。白山市では、山麓部の各村が運営していたスキー場や付随する宿泊施設等が赤字を抱えていたという事情があるが、この時期にこれらレクリエーション施設の休廃止・民間委託化が進められたことが背景にある。

5　地方債の分析

　交付税同様に地方債も市町村合併推進の一翼を担った。旧合併特例法は、合併自治体の一体性確保を目的とした公共施設建設

表5-3　施設の管理費等の状況（46表）の表示項目・レイアウト設定

事項名	表示項目	レイアウト
表章項目	年間所要経常経費計(A)	欄外
施設区分	全選択	行
団体名(市町村分)	合併後自治体	欄外
時間軸(年度次)	合併後の年度全て	列

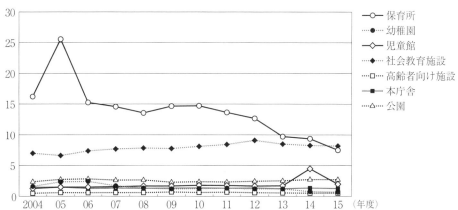

図5-8　白山市施設等管理費の推移（単位：億円）

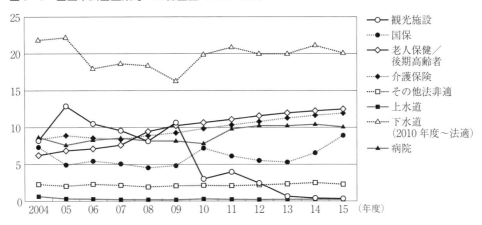

図5-9 白山市公営企業等への繰出金（単位：億円）

表5-4 地方債発行額の表示項目・レイアウト設定（33表）

事項名	表示項目	レイアウト
表章項目	金額	欄外
地方債	当年度発行額(B)	欄外
地方債・内訳	適宜選択	行（下）
団体名（市町村分）	合併構成自治体と合併後自治体	行（上）
時間軸（年度次）	全選択	列

や基金造成に対して合併特例債の発行を認めたが、これは起債充当率95％、後年度交付税措置70％という破格の条件のものだった。この旧合併特例債だけではなく、1990年代に多く発行された単独事業債や、過疎指定地域を含む場合には過疎対策事業債、そして2001年度以降年々増加してきている臨時財政対策債等、自治体が発行する地方債の構成を長期的にとらえてみる必要がある。

そこで地方財政状況調査DBの33表を用いて、合併前後の地方債発行状況を調べてみよう。表5-4のようにレイアウト設定を行うが、これは第3章で説明した手順とほぼ同様である。相違は地方債の現在高ではなく発行額であることと、団体名が合併前後の全自治体であることである。また、か

なり膨大な表になるため、地方債内訳は主要なもののみに絞った方がよいだろう。ここでは公共事業債、教育・福祉施設等整備事業債、一般単独事業債、旧合併特例債（一般単独事業債の内数）、過疎対策事業債、臨時財政対策債を選択し、「その他」を算出するために合計、小計欄を選択した。ダウンロード後に、前述歳入の際と同様に年度を並べ替え、03年度以前の白山市データ欄に合併前自治体の合計額を計算し、白山市データ部分を整理した。

図5-10はこうしてダウンロードしたデータから合併前後の地方債発行額の内訳を示したものである。この総額は前出図5-5の歳入グラフに示した「地方債」に等しい。内訳をみると、合併前に多くを占めていたのが一般単独事業債であったことがわかる。1990年代には交付税措置という国の推進策もあって全国的に地方単独事業が増加したわけだが、その財源として起債されたのが一般単独事業債である。また、もう一つ注目すべきは過疎対策事業債である。白山市に合併した自治体のうち、旧吉野谷、鳥越、白峰の三村は過疎地域指定を受けており、起債充当率・交付税措置率ともに一般単独事業債よりも有利な過疎対策事業債が

図5-10 合併前後地方債発行状況（単位：億円）

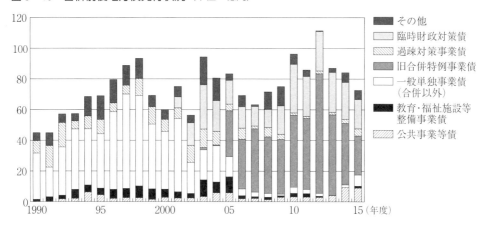

これらの自治体では優先的に活用されていた。

　合併後の動向をみると、一般単独事業債はごくわずかな部分にとどまり、これに代わって合併特例債が活用されていることがわかる。ただし、合併特例債は、2012年度に突出した起債があるものの、合併前の一般単独事業債の規模をほとんど超えていないことがわかる。合併後の起債額を増加させている要因はむしろ臨時財政対策債（交付税の代替財源）であって、これは他の地方債と異なり建設事業の財源とは限らない。実際、前出図5-6にみられるように、普通建設事業費の規模は合併前を下回る状況にある。

　なおその一方で、過疎対策事業債の起債が合併前に比べてかなり小さくなってきていることがわかる。合併前に過疎地域指定を受けていた地域は、合併後にあっても当該地域に関する事業に限り過疎対策事業債を活用できる。同債は、近年はソフト事業にも充当可能となっており、過疎高齢化が進行するこれらの地域の振興に役立つ財源となるのだが、合併後の白山市にあっては当該地域のみを対象とした事業を行うことが困難になっている状況が窺える。

　市町村合併がもたらした弊害の最大のものは、吸収された地域の周縁化と一層の過疎化の進行という現象である。前述の人件費削減、公共施設再編という合併後の財政リストラのなかで、こうした周縁化した地域がますます置き去りにされる懸念はないかどうかもあわせて検討してみていただきたい。

＊　白山市の合併事例に関しては、横山壽一・武田公子・竹味能成・市原あかね・西村茂・岡田知弘・いしかわ自治体問題研究所編『平成合併を検証する―白山ろくの自治・産業・くらし』自治体研究社、2015年、も参照されたい。

第6章

被災自治体の財政分析

1　国による財政措置

　地方財政状況調査DBの一覧（第2章**表 2-1**）をみてお気づきかと思うが、統計表には「復旧・復興事業分」や「全国防災事業分」と付された表が含まれている。いずれも東日本大震災以降に設けられた決算統計項目であり、2011年度以降のデータである。全国防災事業分は文字通り全自治体に関わるもので、復興財源を用いての便乗的支出や目的外支出が指摘されたこともあったが、主に公共施設の耐震化等の普通建設事業にかかるものが含まれている。復旧・復興事業分は、国の11年度補正予算・予備費に計上された復旧・復興にかかる事業、12年度以降の東日本復興特別会計に計上された復旧・復興に関する事業、および復旧・復興にかかる単独事業を対象としている（地方財政状況調査表作成要領）。ここには原発災害に伴う避難者の受け入れにかかるものが含まれるため、被災自治体以外にも復旧・復興事業費分が計上されている。

　以下では被災自治体である岩手県陸前高田市のデータをもとに分析を進めていきたい。同市は震災前国勢調査（2010年）で人口2万3300人の市で、平年の一般会計の財政規模は概ね100億円程度であった。死者・行方不明者が約1800人、中心市街地がほぼ壊滅し、全世帯の約半数の住戸が津波被害で全壊するという甚大な被害にあった。発災から6年を過ぎた2017年3月の段階で、災害公営住宅は計画戸数をすべて達成したものの、民間住宅用宅地の整備は計画の半分である。嵩上げされた中心市街地にようやく商業施設がオープンしたものの、市街地の本格再建はこれからというところである。

　国は11年度から15年度までを集中復興期間と定め、新たな財政支援措置を設けて国費を集中的に投下した。大規模災害に対しては、従来からも国庫支出金の嵩上げや特別交付税措置等によって被災自治体の財政負担を極力少なくする措置が採られてきたが、東日本大震災は従来の財政制度の想定を超える規模の被害をもたらしたため、新たに各種の特別措置が講じられた。

　第一には、11年5月の「東日本大震災に対処するための特別の財政援助及び助成に関する法律」に基づく災害復旧事業国庫負担率の嵩上げである。公共土木や農林水産施設の復旧費は8割から9割の負担率に、また災害廃棄物処理費も最大9割の負担率に引き上げられた。庁舎や社会福祉施設等の公共施設等も概ね3分の2の負担率に引き上げられた。また、従来制度では国庫負担の対象外（ないし予算補助）となっていた民間医療機関や私立学校も2分の1負担がなされることとなった。

　第二に、12年1月に設けられた復興交付金である。これは、自治体が策定する復興交付金事業計画をもとに5省40事業の補助金を一括申請・決定するものである。この40事業（基幹事業）では、基本国費分に加え、自治体負担額の半分がさらに交付される仕組みである。さらに基幹事業に加えて効果促進事業として関連事業への配分も行われている。たとえば漁業集落復興効果促進事業および市街地復興効果促進事業では、集落や市街地整備に関連する調査費やコミュニティバス運行等、ソフト事業経費も含めた包括的な支援枠組みとなった。また、交付金によって基金を造成し、これを取り崩しての実施も認められている。

図6-1 陸前高田市復旧・復興関係歳入（単位：億円）

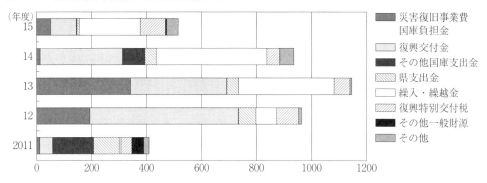

　第三に、地方交付税法に特例を設ける形で11年度補正予算から導入された復興特別交付税である。従来からも災害対応として特別交付税が活用されてきたが、交付税財源の6%という枠組みでは充足不可能な財政需要に鑑みて新設された。これは一般財源ではあるが、国庫負担の嵩上げや復興交付金を活用してもなお生ずる自治体負担分に対して配分されるもので、これによって復旧・復興関係費については自治体の持ち出しが最小限化されたことになる。

　その後国は、16年度からの5年間をさらに「復興・創生期間」と位置づけ、引き続き支援措置を実施しているが、「復興事業と整理されるものでも、地域振興策や将来の災害への備えといった全国共通の課題への対応との性質を併せ持つものについては、被災自治体においても一定の負担を行う」（復興庁「集中復興期間の総括及び平成28年度以降の復旧・復興事業のあり方」2015年5月）としている。16年度以降の被災自治体の財政負担がどのようになっているのかについては現在の決算統計からはまだ明らかにすることはできない。引き続き注目していく必要がある。

2　復旧・復興事業分歳入の分析

　さて、それでは地方財政状況調査DBの分析に移ろう。復旧・復興事業分の歳入については41表「歳入の状況　歳入内訳（復旧・復興事業分）」を用いるが、実はこれは04表と同内容である。いずれを選択してもよいが、表章項目（第2章**表2-2**のレイアウト設定参照）で「復旧・復興事業分の歳入額」を選択する必要がある。

　同表をダウンロードしてみると、やや違和感があるかもしれない。それは、地方税や交付税等の数値がすべてゼロであるにもかかわらず、最下行の「一般財源等」「一般財源等＿うち震災復興特別交付税」欄に数字があがってきていることである。これは、復旧・復興事業に充当された財源からデータを作成しているためであって、地方税や普通交付税等の一般財源それぞれがどのように充当されたかは定かでないためである。

　さて、**図6-1**はこうしてダウンロードした歳入データから作成したグラフである。「その他一般財源」すなわち復興特別交付税を除く一般財源の充当はかなり限定的であることがわかる。2011年度についてのみ「その他一般財源」が40億円程度あるのは、復興特別交付税創設までのタイムラグにお

ける財源措置であるためだが、この年には特別交付税が47億円交付されている（前年の10年度は4.4億円）。11年度には「その他国庫支出金」が財源の多くを占めているが、12年度以降は復興交付金に置き換えられていることがわかる。

また、歳入のうち、12年度以降は繰入金や繰越金がかなりの金額になることがわかる。繰入金は前年度までに積み立てた基金を取り崩して歳入項目に入れたものであり、繰越金は前年度執行に至らなかったものを当年度の歳入としているものである。復興交付金は12年度には540億円もの額が交付されているが、これはおおよそ単年度で執行できる金額ではない。市が復興事業計画を提出したからといってただちに事業に着手できるものではなく、詳細な計画立案や関係者間の調整が必要であるし、マンパワーが不足する中で復旧復興事業が集中して工事受託者の確保にも困難があった。従来の被災自治体でも複数年度にわたる財政運営は当然のこととして行われている。

ただし、東日本大震災被災地の場合は金額があまりに大きいこともあり、復旧復興に要した費用を正確に把握していくためには年度間のダブルカウントが生じないように注意が必要である。つまり、ある年度における積立金支出は取り崩した年に繰入金として歳入にカウントされ、それを財源として歳出面で再度カウントされるためである。図6-2では集中復興期間の5年間の総額で歳入構造を示したものだが、こうした事情から繰入金や繰越金を除外している。

図6-2に示したように、復旧・復興関係事業費の半分近くは復興交付金であり、それ以外の国庫支出金を含めると4分の3が国費負担となっていることがわかる。県支

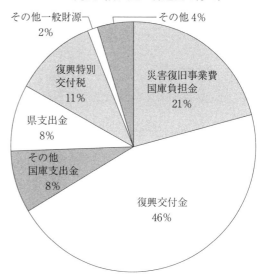

図6-2 陸前高田市復旧・復興関係歳入5年間の内訳（繰入金・繰越金を除く）

出金もほとんど国庫負担に伴うものである。一般財源の充当は全体の13％程度であるが、11％は復興特別交付税であり、残り2％も11年度の特別交付税であるため、実質的に自治体の負担はゼロとする国の方針が貫徹されていることが確認できる。これは、従来の大規模災害でも同様であり、そもそも大規模災害の復旧・復興は自治体の財政責任に帰することはできないことに鑑み、事後的ではあるが国の財政措置が採られるものである。被災自治体は、特に災害初期の対応に際して、自らの財政負担を鑑みるあまり躊躇するようなことはあってはならないということを強調しておきたい。

3　歳出の分析

歳出の分析では、74表から80表「復旧・復興事業経費の歳出内訳及び財源内訳（その1〜7）」を用いる。第2章での歳出分析と同様の手順であるが、復旧・復興事業分には14表のような性質別経費の表がないた

め、74～79表から目的別経費、80表から性質別経費のデータを得ることにする。表示項目・レイアウト設定は**表6-1**、**表6-2**に示した通りである。こうしてダウンロードした表を、第2章で説明したようにデータの整理を行ってグラフ化する。

表6-1 目的別歳出の表示項目・レイアウト設定（74～79表）

事項名	表示項目	レイアウト
表章項目	全選択	欄外
歳出目的	全選択	行
性質別歳出内訳及び財源内訳	歳出合計 六　普通建設事業費	列（上）
団体名（市町村分）	対象自治体	欄外
時間軸（年度次）	全選択	列（下）

＊74表の下に75～76表のダウンロード結果をつなげた表を作成する。

表6-2 性質別歳出の表示項目・レイアウト設定（80表）

事項名	表示項目	レイアウト
表章項目	全選択	欄外
歳出目的	歳出合計	欄外
性質別歳出内訳及び財源内訳	全選択	行
団体名（市町村分）	対象自治体	欄外
時間軸（年度次）	全選択	列

まず、性質別グラフ（**図6-3**）からもわかるように、歳出のうちかなり多くが積立金として計上されている。これは前述のように、復興交付金をはじめとする一連の国庫負担金が復興事業計画に即して交付されており、おおよそ単年度では完了が困難な事業内容を含んでいるためである。そこで、積立金を目的別とクロスさせてみたものが**図6-4**であるが、2013年度以降はほとんど総務費で取り扱われているのに対し、12年度の積立金の大半が土木費に区分されていることがわかる。復興交付金を財源とするこの特定目的基金は防災集団移転や区画整理事業といった土木事業の財源として確保されているのである。なお復旧・復興事業分の基金残高についていえば、12年度末の残高が632.5億円、15年度末残高が551.1億円となっており、その大半は特定目的の

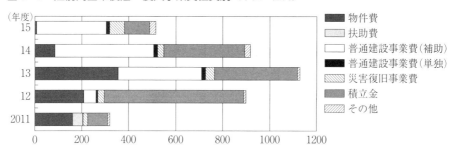

図6-3 陸前高田市復旧・復興事業費性質別（単位：億円）

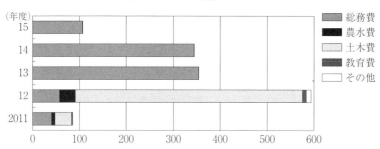

図6-4 復旧・復興事業分積立金と目的別のクロス（単位：億円）

図6-5 積立金を除く目的別 （単位：億円）

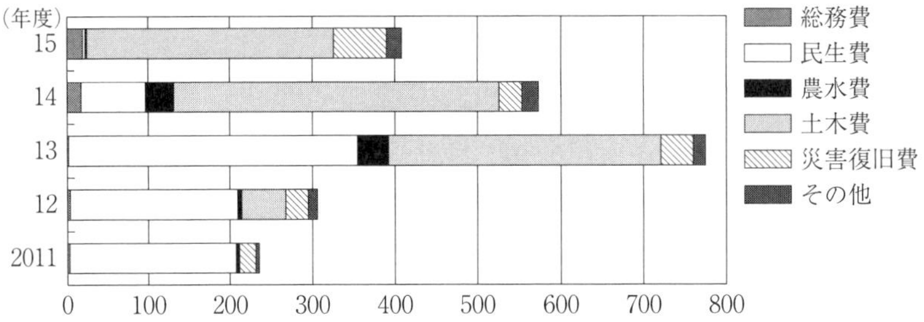

積立基金である（97表より）。特に12年度については歳出の7割近くが積立金となっているが、積立金を除く各年度の実質的な執行額は12年度306億円、13年度774億円、14年度573億円となっており、そもそも平年の財政規模の数倍という水準になっている。

積立金以外の歳出を詳しくみていくために、図6-5では目的別歳出の各項目から積立金として計上されている金額を差し引いて示している。以下ではこの図と図6-3とを対照させながらみていこう。まず、性質別の費目のなかで、11年度から13年度には物件費が多くなっていることがわかる。物件費は文字通りの物品購入等だけでなく、委託費や賃金等を含んでいる。この物件費と目的別歳出との関係をみると、民生費の動向と対応関係にあることがわかる。民生費の大部分を占めるのは災害救助費である。災害救助とは、いわゆる人命救助や不明者の捜索のみでなく、避難所や仮設住宅における被災者の生活支援、生活必要物資の供与・貸与、応急修理等も含まれる。この災害救助費のうち、生活必要物資の提供や弔慰金の交付は性質別では扶助費として現れ、不明者捜索や生活支援等の業務が委託事業として行われる場合には物件費として現れる。

ただし、この物件費の多くは本来的な災害救助というよりは災害廃棄物処理費の委託にかかるものと考えられる。東日本大震災の被災地の場合は、災害救助費に瓦礫処理費が含まれていることに留意する必要がある。従来の被災地においては、瓦礫処理費は清掃費すなわち衛生費に区分されているが、東日本大震災では遺体捜索と瓦礫撤去が同時に行われたという考え方からか、災害救助費すなわち民生費に分類されている。これでは本来的な救助費と廃棄物処理費それぞれの費用を区別できない。ただし、各自治体の決算書では災害廃棄物処理費が清掃費として処理されているため、各自治体の決算報告をウェブサイト等でみることで、ある程度の状況を把握することはできる。

目的別における土木費、農水費、災害復旧費については、性質別における普通建設事業費あるいは災害復旧事業費と対応関係にある。次にこれらの費目について詳しくみていきたい。

4　災害復旧事業と普通建設事業

少々わかりづらい話になるが、性質別では災害復旧事業費、目的別では災害復旧費という費目がある。目的別分類での災害復旧費はかなり狭い概念であり、基本的に国費を投入して建設されたインフラ・施設等

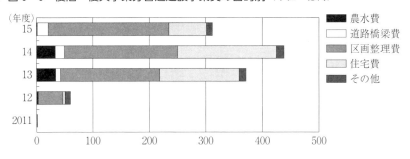

図6-6 復旧・復興事業分普通建設事業費の目的別（単位：億円）

の再建を意味している。これに対して性質別分類での災害復旧事業費には単独事業が含まれ、金額としてはやや大きくなる。とはいえ、図6-3における災害復旧事業費、図6-5における災害復旧費の比重は相対的に小さい。災害復旧・復興事業なのに普通建設事業費が大半を占めることを疑問に思うかもしれないが、これは東日本大震災固有の事情による。災害復旧とは、原則としては原形復旧を旨とするもので、被災前のインフラや公共施設と同等の機能を回復させることを意味する。しかし津波による被害にあっては、これらを元の場所に同じように再建することは困難である。ほとんどの自治体の復興計画では、浸水被害を受けた地域は原則として居住に適さないとされているため、元の場所に同様の機能をもつ施設を再建することは無意味になっている。それゆえに災害復旧という枠組みには対応せず、普通建設事業費として位置づけられざるを得ないのである。

そこで、図6-6は復旧復興関係事業費のうち普通建設事業費のみを取り出し、その目的別の内訳を示したものである。ここから推測できるように、普通建設事業費の大半は区画整理、公営住宅建設、道路橋梁整備といった土木費である。そもそも平野部の少ない地理的事情から、浸水域を避けて宅地整備しようと思えば、山を削って整地すると同時に削った土を平野部の嵩上げに使って市街地を一から作り直さねばならない。こうして創出された土地に区画整理を行い、道路を整備し、公営住宅を建設し、宅地や商業・工業用地の分譲を行い、公共施設を建設し、という一連の工程が必要となる。前出図6-3にみられるように、これらの建設事業の大半は補助事業であり、復興交付金事業であろうと考えられる。復興交付金では防災集団移転、都市再生区画整理、災害公営住宅整備、津波復興拠点整備といった地区単位のひとまとまりの事業計画に対して包括的な国庫負担を行う仕組みとなっている（基幹事業）。また、これらに付随する効果促進事業として、コミュニティ形成や市街地のにぎわい創出にかかるソフト事業に対する交付金も設けられている。

復興交付金については復興庁のウェブサイトに詳細なデータが公開されている（http://www.reconstruction.go.jp/topics/main-cat3/sub-cat3-2/）。このサイトから復興交付金事業計画の提出状況・配分状況、復興交付金事業実施箇所とリンクをたどっていくと、市町村単位の復興交付金の詳細な内容をみることができる。残念ながらpdfファイルだが、過去十数回にわたる配分実績をみていくことによって、事業の具体的な内容や進捗状況を窺い知ることができよう。

図6-7 復旧・復興事業分を除く歳入（単位：億円）

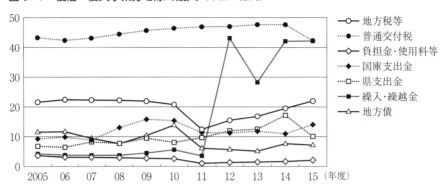

図6-8 復旧・復興事業分を除く性質別歳出（単位：億円）

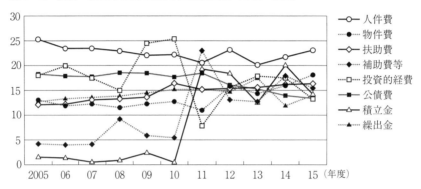

5　復旧・復興事業分を除く歳出の状況

　被災自治体の財政では、金額の大きな復旧・復興事業に目が行きがちではあるが、その一方で人々の暮らしを支える通常の業務は維持されている。被災自治体の将来的な財政運営の課題を考える上では、こうした通常業務の今後についても検討しておく必要があろう。以下では歳入と性質別歳出について、復旧・復興事業分を除く部分の動向を、被災以前から接続させる形で分析を試みたい。先にダウンロードした復旧・復興事業分の歳入や性質別歳出の表を、04表「歳入内訳」および14表「性質別経費の状況」からダウンロードしたものから差し引きすることで、通常業務分の歳入・歳出を算出することができる。図6-7、図6-8はそれをグラフ化したものであるが、歳入における繰入・繰越、性質別歳出における積立金や補助費等、復旧復興事業そのものではなくても何らかの影響を受けている状況が垣間みられる。

　まず、図6-7の歳入構造からみていこう。地方税は2011年度に落ち込み、その後徐々に回復して15年度には震災前の水準を確保している。津波被害によって固定資産や稼得の場が損なわれたことによって税源が失われたが、自宅や事業所の再建が進んだことや復興需要もあってこのような税収の回復に繋がっているものと思われる。他方で普通交付税は14年度まで増加傾向にあったが15年度には減少に転じている（ここでは特別交付税・震災復興特別交付税を除いている）。この背景には税収の増加もあるも

のの、人口減少による財政需要算定の低下が影響していると思われる。国庫支出金は全国的な傾向として09年以降高水準で推移しているが、陸前高田市の場合は減少・横ばい状態にある。これは、社会資本整備交付金や普通建設事業費国庫負担金等の建設事業関連の国庫支出金が復旧復興関係事業に飲み込まれているためと考えられる。このことは地方債の抑制傾向や、性質別経費（図6-8）における投資的経費の抑制傾向にも共通したことである。ただしその一方で県支出金は国庫負担を伴うもの、県単独のもの双方で増加がみられる。

性質別歳出（図6-8）では、人件費の減少傾向が一時的に止まり、若干の増加がみられる。陸前高田市では津波被害によって職員の2割を失っており、このことが11年度の人件費減少として現れている。その後、他自治体からの職員派遣を受けており、この人件費が市の負担となることから12年度にはいったん増加している。復旧復興に向けて市役所の業務内容は質的にも量的にも大きく変化しているはずであるが、そうした背景を考えるとこの人件費はなお過少ではないかという懸念を持たざるを得ない。その一方で2012年度以降には物件費が高水準で推移するようになっていることがみて取れる。事務の外部委託や非正規雇用の採用によって、職員不足を補っている状況が窺えるのである。

また、全国的な動向として増加が著しい扶助費については、同市では10年度以降横ばいである。第2章で述べたように扶助費の主な増加要因は保育所運営費、児童手当、生活保護であるが、陸前高田市では生活保護は増加しておらず、児童手当費も減少傾向にある。人口減少と少子高齢化が背景にあるのだろう。

補助費が11年度に急増し、その後高水準で推移しているのは、主として一部事務組合への負担金が増加しているためである。同市が加入している事務組合は、公務補償関係やごみ・し尿処理等の衛生費関係のものが含まれるが、職員の犠牲者への補償や衛生関係施設の復旧費用等が関わっていると考えられ、復旧復興事業費に区分されてはいないものの、災害に関わる費用が多く含まれていると考えられる。

その一方で公債費は減少傾向にある。歳出構造が全般に復旧復興事業シフトにあるなかで、地方債の順調な償還が進められている。また、積立金が11年度以降高水準になっているのは、復旧復興関係の一般財源がこちらに回っているものと考えられる。

以上のように、被災自治体の財政は、あまりに大規模な復旧復興事業の一方で、通常業務はやや縮小された形で実施されている状況が窺える。当面は復旧復興事業の中で新たに建設される公共施設やインフラが多いため、復旧復興事業以外の普通建設事業のニーズは大きくはならないだろう。被災地の現状をみれば、市街地の整地が済んだところで街の再建はまだこれからという段階である。その一方で復興需要が収束していく局面に至れば、税収の停滞や住民生活への支援ニーズの高まりという新たな財政需要が生じてこよう。現時点で将来的な財政難に言及するのはなお尚早であるが、当面はハードからソフトへの施策シフトにより、将来的な財政需要に備える必要があろう。

あとがき

　2018年の年明け、仕事始めに総務省の地方財政状況調査DBのサイトを開いてみてびっくり、年末までの同サイトから外観が一新されていたのである。そういえば年末に、更新作業のため一時公開停止のような予告があったことを思い出した。

　年末時点で初校を済ませていたのだが、年明けからの作業でデータベース画面を説明する文章や図を大幅に入れ替える必要がでてきた。データベースへのアクセスからダウンロードまでの手順、ダウンロードした後のデータ形式まで、多岐にわたる変更があった。自治体研究社の方には相次ぐ図表の差替えや本文の修正をお願いすることになり、大変なご負担をおかけすることとなった。ホームページが日々更新されることを考えれば、本書の説明と実際の画面が異なるというリスクは覚悟せねばならないだろう。とはいえ、本が出版された後のホームページ改訂だったら目も当てられないところだったと思えば、塞翁が馬というものだろう。

　このポータルサイトのリニューアルによって、地方財政状況調査DBは「e-Stat（政府統計の総合窓口）」の下に整理されている統計のひとつであるということが視覚的にも明確になったように思う。本書では、地方財政調査関係資料のサイト（**図序-1参照**）からアクセスする方法を紹介しているが、「e-Stat　政府統計の総合窓口」（https://www.e-stat.go.jp/）からアクセスすることも可能になっている。このトップページの上部バナーのうち、「データベースから探す」に進めば、次ページで地方財政状況調査を含むデータベース一覧が表示される。ここから先に進んだ時、本書**図2-1**に示したものとはやや異なる外見のページを経由するが、行き着く先は同じである。

　ただし、若干の相違がある。本書第2章5で説明したように、総務省サイトからのアクセスでは12表（歳出内訳及び財源内訳　その6）は2005年度以降だけしかダウンロードできない。しかしe-Statからたどっていくと、12表は04年度以前と05年度以降とに分けてダウンロードできるようになっている。これによって災害復旧費、公債費、諸支出金等のデータの詳細も調べることができる。前述のようにこのデータベースはリニューアルされたばかりであり、「おや？」と思うところも多々散見される。おいおい修正されていくものと思われるが、多くの方がこのデータベースを利用して問題点をフィードバックすることも必要かもしれない。

　また、せっかくなので「データベースから探す」のページに戻って、地方財政状況調査以外にどのようなデータベースがあるのかをみておくのも有意義であろう。現在のところ106件のデータベースがあるが、何か一つ関心のあるものを選んでみて先に進み、詳しくみてほしい。本書の読者の関心に近いものとしては、社会・人口統計体系、国勢調査、経済センサスあたりだろうか。それぞれのデータベースには、調査年度や調査単位の濃淡があり、すべてが時系列的なデータベースとは限らず、また市町村単位のデータがあるかどうかは画面をかなり先にまで進んでいかないとわからないものも多い。結果的に期待したようなデータで

はなくてガッカリすることもあるかもしれないが、なるほどこんな統計もあるのだという発見もあって興味深いかと思う。

また、これらのデータベースとは別系統の統計集を示すものとして、「RESAS　地域経済分析システム」（https://resas.go.jp/）というサイトもある。このサイトは地方版総合戦略の策定のために整備されたもので、都道府県・市町村単位の各種データを提供している。ただし、そもそも地図データやグラフなどの視覚的な表現を重視した作りになっており、元データから自分なりに分析したいというニーズをもつ者にとっては使い勝手の悪い印象がある。結局のところ、一度何らかのグラフを表示させた後に画面右に表示される「データをダウンロード」をいろいろ試してみるしかない。RESAS-API という直接データをダウンロードできる仕組みも設けられているが、これはある程度の専門知識がなければ使えない。

その一方で、地方財政に限っていえば、もっとデータ公開を進めるとともに公開方法の統合を図ってほしいという面もある。たとえば地方交付税、地方税、地方公営企業に関するデータは、総務省内のそれぞれの担当部署が作成するサイトで別々に公開されており、「地方財政状況調査関係資料」のページにリンクすら貼られていない。

因みにこれらのサイトは下記のとおりである。

- 地方交付税　基準財政需要額及び基準財政収入額の内訳
  http://www.soumu.go.jp/main_sosiki/c-zaisei/kouhu.html
- 地方税に関する統計等
  http://www.soumu.go.jp/main_sosiki/jichi_zeisei/czaisei/czaisei_seido/czei_shiryo_ichiran.html
- 地方公営企業決算（地方公営企業年鑑含む）
  http://www.soumu.go.jp/main_sosiki/c-zaisei/kouei_kessan.html

いずれにせよ、このような統計データのネット上での公開は近年急速に進められてきた段階であり、長期的にはより使い勝手のよい形にワンストップ化されていくことに期待したい。また、読者の皆様にはこれらのサイトをあれこれみていただき、情報の発掘を試みていただきたい。

著者紹介

武田　公子（たけだ・きみこ）

長野県生まれ
京都大学経済学研究科博士後期課程修了
京都大学博士（経済学）
現在　金沢大学経済学経営学系教授

主な著書

『地域戦略と自治体行財政』世界思想社、2011 年
『平成合併を検証する―白山ろくの自治・産業・くらし』（共著）自治体研究社、2015 年
『ドイツ・ハルツ改革における政府間行財政関係』法律文化社、2016 年

データベースで読み解く自治体財政
――地方財政状況調査 DB の活用――

2018 年 3 月 30 日　初版第 1 刷発行
2021 年 8 月 30 日　初版第 2 刷発行

著　者　武田　公子
発行者　長平　弘
発行所　株式会社　自治体研究社
　　　　〒162-8512 新宿区矢来町 123 矢来ビル 4 F
　　　　TEL：03・3235・5941／FAX：03・3235・5933
　　　　http://www.jichiken.jp/
　　　　E-Mail: info@jichiken.jp

ISBN978-4-88037-678-3 C0033

印刷：モリモト印刷株式会社
DTP：赤塚　修

新型コロナ対策と自治体財政
――緊急アンケートから考える

　　　　　　　　　　　　　　　平岡和久・森　裕之著　　定価 1650 円

コロナ禍のなかの自治体と国の予算対応を、短期、中長期の財政運営を視野に入れて検討。緊急アンケートが、財政運営の実態と課題を浮き彫りにする。

市民と議員のための自治体財政
――これでわかる基本と勘どころ

　　　　　　　　　　　　　　　　　　　　森　裕之著　　定価 1650 円

まちの財政を身近なお金の動きと比較対照でわかりやすく解説。私たちが暮らす自治体の公共サービスのあり方やお金の流れが見えてくる画期的な入門書。

新版　そもそもがわかる自治体の財政

　　　　　　　　　　　　　　　　　　　　初村尤而著　　定価 2200 円

暮らしのなかのお金の流れに注目し、まちの予算書・決算書のしくみを読み、公共サービスのあらましをたどって、歳入・歳出の仕組みを明らかにする。

財政状況資料集から読み解くわがまちの財政

　　　　　　　　　　　大和田一紘・石山雄貴・菊池稔著　　定価 1870 円

財政状況資料集に即してまちの財政状況の読み方、公共サービスのあり方を検討。類似団体カードによる自治体の比較を試みる。地方交付税制度の動きも解説。

四訂版　習うより慣れろの市町村財政分析
――基礎からステップアップまで

　　　　　　　　　　　　　　　　大和田一紘・石山雄貴著　　定価 2750 円

決算カードと決算統計などを使って、市町村財政分析の手法とノウハウをわかりやすく解説。基礎から始めてステップアップで詳説。市町村財政分析の決定版。

自治体研究社